AF276365

Cantaré mañana todavía
Antología poética (1949-2005)

Antonio Gala

Cantaré mañana todavía
Antología poética (1949-2005)

Edición de Luis Cárdenas García
y Pedro J. Plaza González

Prólogo de Pedro J. Plaza González

FUNDACIÓN JOSÉ MANUEL LARA

Vandalia

Vandalia, 119

Director de colección: Jacobo Cortines
Consejo asesor: Ignacio F. Garmendia, Juan Lamillar, Aurora Luque,
Álvaro Salvador y Andrés Trapiello

Primera edición: marzo, 2025

© de los poemas: Fundación Antonio Gala, 2025
© de la selección y la edición: Luis Cárdenas García y Pedro J. Plaza González, 2025
© del prólogo y las notas: Pedro J. Plaza González, 2025
© Fundación José Manuel Lara, 2025
Avda. Reino Unido, 11, 1ª. 41012 Sevilla (España)

Edición al cuidado de Ignacio F. Garmendia
Diseño: Estudio Manuel Ortiz
Maquetación: Manuel Rosal
Ilustración de cubierta: Rafael Laureano
Fotografía de interiores: El poeta retratado por Luis Cárdenas García en la fuente del
    claustro de la Fundación Antonio Gala para Jóvenes Creadores de Córdoba, en 2013

Dep. Legal: SE 113-2025
ISBN: 978-84-19132-52-9
Printed in Spain-Impreso en España

«Y UN LARGO DÍA ESPERA»: LA POESÍA SOSEGADA DE ANTONIO GALA

PEDRO J. PLAZA GONZÁLEZ

Ego cedam atque abibo
MARCO TULIO CICERÓN

Tuve la inmensa fortuna y el privilegiado honor de conocer a Antonio Gala íntimamente como persona –y no solo como autor, que ya era un sueño– desde mis dieciocho años, cuando era yo todavía un joven e ilusionado estudiante que empezaba, en 2014, su andadura en el Grado en Filología Hispánica en el *alma mater* de la Universidad de Málaga. Desde entonces fueron muchos los tés y las pastas que compartimos juntos hasta el día de su muerte, primero en la finca paradisíaca de La Baltasara de Alhaurín el Grande –«El pueblo que yo soñé»– y luego en la residencia de la Fundación Antonio Gala para Jóvenes Creadores de Córdoba –«*Pone me ut signaculum super cor tuum*»–, de la que fui un extraño e itinerante residente. Aquella inicial e inolvidable tarde de otoño –el día 25 de octubre de 2014–, Gala me dedicó, a sus ochentaicuatro años, una de las muchas y coloridas ediciones de la antología *Poemas de amor*, inscribiendo con estas acogedoras palabras el comienzo de una larga, imperecedera y leal amistad que, en su eco, aún perdura por los callejones del tiempo: «Para Pedro Jesús, con mi esperanza en él y con la mejor parte de mi corazón». Ahora, después de más de un lustro de intenso trabajo investigador –con todas sus lecturas, sus relecturas, sus anotaciones, sus preguntas, sus conversaciones, sus reflexiones, sus escrituras, sus reescrituras, sus revisiones, sus tachaduras, sus rendiciones, sus redenciones, sus ediciones y sus muchas dudas–, soy yo quien le dedica, esperanzado y con el corazón henchido, esta merecida antología que transita toda su lírica y que promete, con fe, que *Cantaré mañana todavía*. Gracias, querido Antonio, por tu buen amor y por tu buena poesía. Y gracias, cómo no, a Luis Cárdenas García, a quien conocí como el secretario –como el 'guardián de los secretos'– personal, el albacea y el «lazarillo de Dios» de Antonio Gala y pronto convertí en uno de mis amigos más fieles y dispuestos, amén de en «policía de las erratas» de no pocos de mis textos académicos y de mis textos creativos y en la persona que siempre, siempre me acompaña en cada nueva edición, en cada viejo verso. Y, con esta, van tres y toca arrojar otras palabras previas.

Gala nació en el pueblo manchego de Brazatortas (Ciudad Real) el 2 de octubre de 1930 y falleció –por mejor decir, «murió vivo»– en Córdoba el 28 de mayo de 2023, a los noventaidós años. Fue, sin atisbo alguno de duda a estas alturas, un autor extremadamente versátil, polémico y polifacético. No obstante, es normal y comprensible que, en casos tan icónicos como el suyo, algunas de sus facetas hayan logrado imponerse, por diversos motivos, sobre las otras, más oscurecidas, más secretas. Así, frente al no menguado inventario de estudios llevados a cabo sobre sus piezas teatrales, sus novelas o, aun, sus artículos, un rápido repaso a la crítica referente a su poesía habría de poner de manifiesto, con prontitud, la necesidad, la novedad y la complejidad ecdóticas y hermenéuticas de esta antología última y de cuantos trabajos se realicen en torno a su obra, pues son sorprendentemente exiguos los dedicados a su lírica, y estos acercamientos resultan, por lo común, genéricos, superficiales o excesivamente breves. Mi tesis doctoral –defendida el día 3 de noviembre de 2023– fue, de hecho, la primera que se dedicó a su escritura poética, y se tituló *Tradición y modernidad en la poesía de Antonio Gala: Exégesis y relección desde su obra total*. Mi investigación, entonces, se centró en el estudio crítico y multidimensional de cuatro de sus poemarios: *Perseo, Enemigo íntimo, La acacia* y *Para Mirta (sonetos barrocos)*, parcialmente compendiados aquí y acompañados de los otros que componen su magnífica producción. La selección se justificaba porque era en ellos donde más y mejor pude tasar la incidencia de la tradición y de la modernidad y el diálogo incansable entre ambas. Analicé, por ende, la lírica de Gala desde una perspectiva rigurosa, variada e innovadora, relacionándola, en diferentes bloques de contenido, con la tradición poética española y la poesía europea, con la modernidad y la contemporaneidad poéticas hispanas y con el resto de su obra literaria. Con todo ello intenté ofrecer una visión que permitiera resituar a Antonio Gala como uno de los nombres más valiosos y relevantes de la llamada Generación del 50, cuyo canon consuetudinario aún precisa de una revisión historiográfica, sobre todo del núcleo andaluz –apartado en favor de Madrid y de Barcelona–, y configuré una exégesis y un conocimiento operativos y solventes de su creación, propiciando la relección de un poeta imprescindible y, paradójicamente, casi desconocido.

Sucede que la propuesta dramática de Gala ha disfrutado, desde sus inicios, del favor del público y, asimismo, con el transcurso de los años, ha ido captando el interés renovado de la academia. El público lector ha consumido, similarmente, desde 1990 sus novelas, que se convirtieron, en efecto, en uno de los grandes superventas del panorama nacional –con proyección internacional– y, por supuesto, ha leído en los periódicos –y ha releído en las recopilaciones– sus muy personales artículos. De tal modo, la universidad también se ha encargado de analizar, aunque en menor medida, sus novelas y sus artículos. Mas ¿qué ha ocurrido con la lírica de Antonio Gala? A pesar de que no ha pasado desapercibida para el gran público, sí que ha sido dejada atrás por la mayoría de las historias de la literatura contemporánea y, al mismo tiempo, son escasos y siempre poco profundos los estudios consagrados a su poesía hasta este momento. ¿A qué se debe tal circunstancia? ¿A qué obedece dicha marginación? ¿Por qué se ha olvidado que Gala es, sobre todo y ante todo, poeta? Pienso que las causas constatables de esta ausencia del canon poético del siglo XX en general y del catálogo de la Generación del 50 en particular son dos: por un lado, el enorme éxito cosechado por el creador en sus otros campos artísticos –el teatro, el artículo, la novela, el ensayo e, incluso, la televisión y el cine–; por otro lado, su propio pudor a la hora de publicar, dado que, pese a que se presentó al mundo literario como poeta al alzarse, gracias a su deslumbrante *Enemigo íntimo*, con un accésit al Premio Adonáis del año 1959, sus apariciones líricas posteriores fueron pocas y muy concretas. Sendos motivos –el éxito del personaje y el pudor de la persona– han de ser entendidos y explicados como mecanismos marginantes –una suerte de extraña paratopía social–, tratando de responder, merced a ellos, a por qué la poesía de Antonio Gala no ha trascendido, acontecido el extenso trayecto de su existencia y de su presencia, ni en la crítica ni en la historiografía tanto como mereciese, habida cuenta de su hondura y de su calidad.

De una parte, su éxito profesional puede medirse a través de la inmensa cantidad de premios y de reconocimientos con que ha sido galardonado a lo largo de su dilatada trayectoria literaria. El primero de ellos fue, como ya he adelantado, el accésit al Premio Adonáis de Poesía de 1959 por *Enemigo íntimo*, poemario que se publicaría, en consecuencia, al año siguiente, en 1960. Este hecho, en cambio, se ha pasado por alto con demasiada frecuencia y ha quedado opacado por su devenir vital. Después, siguió recorriendo los periódicos y las revistas de la época con sus poemas hasta que el éxito rotundo le sobrevino, de manera arrolladora, en el año 1963, gracias a la concesión del Premio Nacional de Teatro Calderón de la Barca por la comedia *Los verdes campos del Edén*. Más tarde, no triunfaría solamente de nuevo en los escenarios con premios como El Espectador y la Crítica, Ciudad de Valladolid, Radio España, Carrusel o Foro Teatral por su pieza *Anillos para una dama* (1973), sino que arrasaría, paralelamente, en las pantallas de televisión con distinciones como el premio de guiones Pequeño Estudio de TVE (1969) por sus numerosas adaptaciones o los premios Quijote de Oro, Nacional de Guiones y Antena de Oro por su serie *Si las piedras hablaran* (1972-1973). En el terreno de la prosa ganaría, a sus sesenta años, el Premio Planeta por su primera novela, *El manuscrito carmesí* (1990). Ya en plena senectud, algunos premios jalonarían toda su carrera literaria, como el I Premio Andalucía de las Letras de la Junta de Andalucía (2005) o el Premio Elio Antonio de Nebrija de las Letras Andaluzas (2012). Tampoco sería inadvertida su labor como articulista con el Premio César González Ruano o el Premio de Periodismo de la Asociación Pro Derechos Humanos de España (2012).

Como puede deducirse, en fin, a simple vista, en medio de este maremágnum de premios tan grandes y prestigiosos –y son, en realidad, muchos más los que completan el palmarés, algo más de quinientos– la poesía, género minoritario donde los haya, difícilmente recibiría atención alguna.

De otra parte, su éxito ha sido mesurado asiduamente por el número de ventas de sus libros, siendo desde 1993 a 1999 el autor más vendido de la Feria del Libro de Madrid. Los títulos *La pasión turca* y *El águila bicéfala* encabezarían, respectivamente, la lista de los más vendidos en el apartado de literatura entre los meses de febrero y de septiembre de 1993, acorde con el trabajo *Tendencia de compra de libros en España*, ejecutado por la empresa CISE para el Centro del Libro y la Lectura del Ministerio de Cultura. De la novela *La pasión turca* se vendieron de media 46 168 ejemplares a la semana durante el periodo acotado y, de la miscelánea de textos de amor *El águila bicéfala*, 16 720 a la semana. Este apabullante éxito editorial, sumado al componente mediático del personaje que alrededor de sí mismo había construido, provocó que sus versos, atendiendo a su deseo expreso, acabaran editándose –para bien y para mal– en grandes cantidades. Y es que de la antología *Poemas de amor* (1997) se hicieron, al menos, diez ediciones distintas, variando su formato y sus cubiertas, y de la primera edición de *El poema de Tobías desangelado* (2005) se tiraron, según la publicidad de Planeta, cien mil ejemplares. Todas estas cifras, que no conllevan siempre lectores y, mucho menos, lectores habituales de poesía, crearían una imagen bastante distorsionada del literato desde la óptica misma de la recepción, cosa que esta amplia antología aspira a reparar, colocando al poeta en el anaquel de nuestra historiografía que le corresponde.

El segundo factor determinante que ha ubicado la lírica de Gala fuera del canon de la poesía española contemporánea ha sido un componente personal que cabría definir como su propio pudor para dar a conocer sus textos poéticos, puesto que, desde la publicación en 1960 de *Enemigo íntimo*, en Ediciones Rialp, y hasta la publicación en 1997 de *Poemas de amor*, en Editorial Planeta, siempre han sido objeto de ediciones muy raras y selectas, a menudo de tirada reducida, o de concurrencias en periódicos y en revistas de calado desigual. Sobre su corpus poético pueden darse, en estos instantes, algunas pinceladas esquemáticas, ya que este se caracteriza, a mi juicio, por varias fases y algunos hitos. Su primera etapa, en la que publicó en revistas literarias como *Platero, Alcaraván, Rumbos, Aljibe, Alfoz, Arquero de Poesía, Aljaba, La Isla de los Ratones, Caracola* o *Cántico*, iría desde 1949 hasta 1960, año en que publicó su *opera prima*, *Enemigo íntimo*. Desde esa fecha, y hasta 1981, continuaría participando en otras revistas, siendo de especial interés historiográfico y filológico *Cuadernos Hispanoamericanos* y *Litoral*. En 1981 aparecería *11 Sonetos de La Zubia*, un inencontrable cuadernito muy cuidado inserto en la colección «Jarazmín. Cuadernos de Poesía», dirigida, a la sazón, por el poeta José Infante y el pintor Pepe Bornoy en la ciudad de Málaga. Luego comenzaría a colaborar en catálogos de diferente calibre y prestaría sus poemas a revistas nacionales como *Ínsula*.

En 1985 publicaría *Testamento andaluz*, un sugestivo libro integrado por veinticuatro poemas, tres por cada una de las provincias andaluzas, que materializaría con gran maestría el editor Alfredo Melgar. La obra poseía cierto carácter colectivo y transversal, en tanto en cuanto la firmaban, conjuntamente, Manuel Rivera, encargado de las telas y de los dibujos; Antonio Gala, autor de los poemas e hipocentro del resto de manifestaciones artísticas; y Manolo Sanlúcar, compositor e intérprete de la música. El 17 de noviembre de 1987 publicaría en el suplemento *ABC Literario*, bajo el título de «Antonio Gala, *Sonetos de amor*», veintisiete sonetos que había escrito, según rezaba, durante el verano de 1968, siendo parte del cancionero andaluz de los *Sonetos de La Zubia*, el cual dedicaría al escultor granadino Rafael Marín. En 1987 publicaría, sencillamente, un pliego con un único poema de *Meditación en Queronea*, con ilustración del pintor Enrique Brinkman y al cuidado del editor artesanal malagueño Rafael Inglada. En 1991 publicaría un cuaderno de lectura en la larga colección del Centro Cultural de la Generación del 27 de Málaga, con el diseño de José F. Oyarzábal y al cuidado de Javier La Beira, contando, además, con una nota introductoria de Infante. Algunos de sus poemas editados hasta entonces comparecerían en la antología *El águila bicéfala. Textos de amor* (1993), publicada por Espasa-Calpe, cuya edición corrió a cargo de la profesora Carmen Díaz Castañón. En 1994 Ana Padilla Mangas conformaría una breve antología, llamada *Poemas cordobeses*, en la colección «Cuadernos de la Posada». A la postre, en el año 1997 Planeta lanzaría la insólita antología *Poemas de amor*, constituida por un total de once libros, en su mayoría inéditos, e introducida por un prólogo del poeta y académico Pere Gimferrer y unas palabras previas del mismo Gala, quien confesaba: «Estas líneas son una confidencia. Como el resto del libro: la confidencia de un poeta desconocido que con ella se presenta. A pecho descubierto». *Enemigo íntimo* y *Testamento andaluz* sí se habían publicado, décadas antes, de forma completa. *Perseo, La acacia, La deshora, Meditación en Queronea* y *Sonetos de La Zubia* se habían publicado parcialmente, en mayor o menor medida. Por el contrario, *Valverde, 20; Baladas y canciones; Para Mirta (sonetos barrocos)* y *Tobías desangelado* se publicaban aquí por primera vez y, a excepción de *Tobías desangelado* –que pasaría a ser en 2005

El poema de Tobías desangelado–, casi como único testimonio textual.

Testamento andaluz se reeditaría, en esta ocasión sin la parte pictórica y sin la parte musical, en 1998 de la mano de CajaSur y en el seno de la colección de «Los Cuadernos de Sandua». En el 2000 Editorial Planeta sacaría, exclusivamente en el territorio de México, los *Poemas mexicanos*, adelanto no venal de *El poema de Tobías desangelado* (2005). Por último, en 2019 se publicó *Desde el Sur te lo digo* en la colección «Arroyo de la Manía» de Rafael Inglada Ediciones, antología en la que se reunían todos los poemas que había escrito en la provincia de Málaga. Considerando que la edición, que, justamente, quedó entonces a mi cuidado por acuerdo de todos los implicados, alcanzó solo el número de cincuenta ejemplares, a tenor de lo que indicaba el colofón, esta obra entroncaba plenamente con esas otras ediciones mínimas y de alta calidad que ya había conocido y preferido Antonio Gala desde sus inicios literarios, contraviniendo la creencia popular. En noviembre de 2023, sin embargo, editamos conjuntamente Luis Cárdenas García y yo *Poemas de lo irremediable (inéditos 1947-1952)*, un compendio que ha de resultar de gran valor dentro del universo creador galiano, dado que reunía y ofrecía, por primera vez desde el año 2005, un conjunto de textos líricos, en su mayoría totalmente inéditos, muy amplio, rico y diverso firmado por el autoproclamado poeta cordobés. Tal y como anunciaba el periodo temporal acotado por el subtítulo, el poema más antiguo que logramos rastrear en el desarrollo de nuestras pesquisas ecdóticas, una «Cantiga» dedicada a Fernando G. Aparicio, databa del día 16 de julio de 1947, cuando Gala contaba solamente dieciséis años. El más moderno de la colección, cuyo primer verso es «Callar, callarnos», databa, en cambio, de los días 29 y 30 de diciembre de 1952, cumplidos ya los veintidós años. Eran, por lo tanto, casi cinco los años de creación poética que en este preciado volumen se recogían para su divulgación y para su estudio y eran, nada más y nada menos, ciento quince los textos que se fijaban, concernientes estos a los últimos compases de la adolescencia –*lato sensu*– del escritor y al comienzo de su primera juventud, transitando con su distintiva e incansable pluma por la geografía de Córdoba, Sevilla, Montejaque (Málaga), Cuéllar (Segovia) y la propia Segovia, Santiago de Compostela, Castilleja de Guzmán (Sevilla), Madrid y Santillana del Mar (Cantabria). La publicación de la miscelánea *La Andalucía de Gala*, de la mano de Editorial Almuzara, a finales de 2024 ha sumado, otra vez, un puñado de inéditos: dos sonetos juveniles de corte religioso que completan el «Tríptico de sonetos a nuestro Cristo del Remedio de Ánimas», el acróstico «Siesta», un «Soneto inédito de La Zubia», la «Canción de las cinco sierras» y la exótica «Elegía de al-Mutamid».

Donde mejor puede observarse, empero, ese pudor de Antonio Gala es a través de sí mismo, de sus confesiones. Si atendemos, verbigracia, a la entrevista que se adjuntaba en la tesis doctoral de Naïma Badri Guezza, descubriremos esta insospechada declaración, la cual prueba fehacientemente su relación con la poesía y su prudencia y su demora, desmontando algunos de los dispositivos desplegados por el personaje mediático:

Esta es una recopilación de poemas de amor [habla de su último libro de poesía], quizá otro no lo publique, no me interesa. Los poemas de amor podían ayudar más a la gente porque la sociedad en la que estamos es una sociedad desalmada y desamorada. Me parece que la poesía es un género literario difícil, el más difícil de todos los géneros literarios, siempre que se intente escribir sin ser poeta, claro, pero si [se] es poeta es un don. La poesía es como un vómito, como un vómito bien oliente, entonces, no se escribe, se escribe al dictado, luego se puede corregir un poco lo que se ha escrito, pero la primera infraestructura del poema te es dada, te es dictada. Están las razones en el prólogo. Yo no quería publicar poesía. Era un libro póstumo y lo iba a publicar la Fundación de Jóvenes Creadores porque era demasiado íntima, porque era demasiado *striptease* el que tenía que hacer para publicarla, porque eran recuerdos de amores pasados, de gente que ya está muerta, que está enterrada dentro de mi corazón, era muy difícil, no quería hacerlo, no quería hacerlo. Ni probablemente volveré a publicar más poesía.

José Infante, en el preliminar a la antología celebratoria *Una señal en el corazón*, sostenía que «[...] poco a poco va haciendo también suyas todas las características de la Generación del 50, a la que indudablemente pertenece, una postura ética que no huye del compromiso pero que se despega de las simplificaciones estilísticas en las que había caído la llamada literatura social y el realismo crítico [...]». En la conferencia aún inédita que impartió en el Curso Gala sobre Gala en 1992, aventuraba:

Aquí ya tenemos varias características de la poesía de Gala. Intimismo, sentido vivencial, confesional, interiorización, tono de indagación... Pero no conviene adelantarnos. Si de las precisiones que vengo haciendo podemos deducir algo, es que Antonio Gala es un poeta casi desconocido de obra casi secreta y que su nombre en ninguna ocasión aparece censado entre sus contemporáneos poetas. Sin embargo, su obra poética, que sí existe, se ha ido haciendo en un tiempo histórico determinado y en unas circunstancias sociales, políticas y culturales concretas. Habría entonces que tratar de situar la poesía de Gala en su contexto generacional e histórico. Esto no quiere decir que Antonio Gala sea un representante característico de su generación literaria, pero sí me parece oportuno señalar los puntos de coincidencia que tiene con ella (que los tiene), las divergencias que le separan de ese grupo (tal vez mayores que las concomitancias) y resultado de lo cual la contemplación en el tiempo de una obra poética en muchos casos atípica y particular, influenciada enormemente por las otras dedicaciones literarias de su autor, que hace que el poeta Antonio Gala aparezca como un islote en el panorama de la poesía española de los últimos años.

Desde hace varios años de investigación en torno a su obra, consiste, equivalentemente, mi reclamo crítico en que Gala sea estimado como uno de los nombres más relevantes de la Generación del 50, compartiendo enteramente con muchos de sus miembros no únicamente amistad, sino, asimismo, características tan esenciales como la recuperada importancia del lenguaje, la introducción en sus textos de temas filosóficos, el retorno a la calidad literaria, las influencias de la Generación del 27, la desvinculación de la literatura comprometida o la apuesta por una lírica de corte intimista. No cabe duda alguna de que pugnó por recuperar, durante toda su trayectoria artística, la importancia del lenguaje, perdiéndose, quizás, en exceso en la forma tan solo en su primer libro orgánico, *Perseo* –y en algunos de los textos de *Poemas de lo irremediable*–, y calibrándola perfectamente luego en el resto de su haber. La inserción en sus composiciones de temas filosóficos puede comprobarse, especialmente, en *Poemas de lo irremediable*, a partir de las preocupaciones y las tribulaciones religiosas y de su evolución hacia una especie de misticismo pagano;

en *Perseo*, a partir de la Idea mayúscula y platónica de la Belleza; en *Enemigo íntimo*, a partir de las tensiones entre la muerte y el amor; en *La acacia*, a partir de la relación mística con Dios y de otros interrogantes teológicos; en *La deshora*, que especula sobre el amor y el paso del tiempo; en *Meditación en Queronea*, que cavila sobre el amor, la derrota y la muerte, personificados en las ciento cincuenta parejas de homosexuales del Batallón Sagrado de Tebas; y en *Para Mirta (sonetos barrocos)*, a partir de los preceptos amorosos del neoplatonismo y de las concreciones del petrarquismo. Es claro que su poesía supone un firme retorno a la calidad literaria, superior, en mi opinión, a muchos de sus coetáneos. Las influencias de la Generación del 27 se evidencian en su relación con Pedro Salinas, Vicente Aleixandre o, sobre todo, Federico García Lorca, con quien habitualmente se lo ha parangonado «[...] por tres concomitancias sobresalientes que pueden existir entre Lorca y yo: Andalucía, Poesía, Teatro». Los metros empleados en su escritura son, generalmente, impares, con predominancia, en su versolibrismo, del heptasílabo y del endecasílabo, carentes de rima, de manera que podríamos hablar de una tendencia a la silva en verso blanco, la cual fue puesta en boga en el terreno poético de España por Salinas y otros miembros del 27, antecedidos, como es sabido, por Juan Ramón Jiménez. Pero no olvidó la práctica ni la brillantez del soneto en *Sonetos de La Zubia* y *Para Mirta (sonetos barrocos)* ni, tampoco, la renovación y la revitalización de la lírica popular en *Baladas y canciones*. No se desvinculó Antonio Gala, como tantos otros miembros del 50, completamente de una literatura comprometida, sino que, en su caso, la reservó para su dramaturgia y sus artículos periodísticos y para sus protestas y sus denuncias sociales, apostando por una lírica de corte intimista que privilegiaba siempre antes el conocimiento que la comunicación, a tenor de lo escrito en sus «Palabras previas» a *Poemas de amor*:

> Habrá incluso una actitud poética que no se materialice en nada sino en procurar estarse ante las cosas con una posición de aprendizaje, de pregunta, de perplejidad: algo que no es más que una vía de conocimiento. Eso es la poesía, y no una vía de comunicación. De ahí que la *poyesis* que se concreta en el poema sea la más apreciable y la más difícil: una cristalización casi insoportable, una quemadura con la realidad más honda y verdadera, una reunión de contrarios, a través de sus raíces, desde luego.

La presente edición, titulada, tomando uno de los versos de *La deshora, Cantaré mañana todavía*, se dirige, en suma, a dos públicos diversos, mas no por ello contrarios. En primera instancia, se destina al diligente lector de buena poesía de toda geografía y de todo tiempo, con la certeza de que descubrirá entre estas hojas diáfanas a un poeta de raza, a un poeta del amor que, merecidamente, aparece por fin en una de las mejores colecciones poéticas del panorama editorial español. En segunda instancia, se encomienda a todo aquel que, con buen ánimo, quiera investigar sobre la lírica de Gala y, por eso, se han reservado las notas –casi todas de orden genealógico– para el final del volumen. En la propia evolución de su poesía podrá observarse el movimiento, constante y contundente, de su autor, quien fue, a mi juicio, el benjamín del Grupo Cántico, por más que acabara rechazando su pertenencia, y luego se convirtió en uno de los creadores más sólidos del núcleo andaluz de la Generación del 50 para, a la postre, autoexiliarse y establecerse como un francotirador –la metáfora, por cierto, es suya– y erigir una obra poética, única y personal, que culminaría con el singular proyecto de lírica de viajes que constituye *El poema de Tobías desangelado* y que, brevemente, puede definirse, a nivel temático, con los siguientes esbozos que bosquejan su variedad y su novedad desde el eje irradiador del amor.

Poemas de lo irremediable es un título que aúna esa sonoridad y esa significancia que Luis Cárdenas García y yo tanto anhelábamos, porque en «lo irremediable» están el amor, la muerte, el tiempo, Dios y la poesía, los temas transversales de la obra galiana. Las fuerzas motoras que engranan e impulsan internamente los resortes de *Perseo* son el amor y la Belleza, mayúscula esta última en calidad de Idea platónica y minúsculo presuntamente el primero por ser humano y no divino. El sostenido monólogo dramático de *Enemigo íntimo*, que no adopta, en cambio, la voz de ningún personaje definido más allá del trasunto que el desdoble supone del autor, gira en torno a dos ideas sustanciales que convergen y se solapan: la muerte y el amor, que «[…] son quizá una sola / enfermedad mortal». Hay dos temas de raigambre mística que, a mi entender, impregnan y dominan las cotas de *La acacia*, y ambos urden su origen en el campo de la estética literaria y de la espiritualidad religiosa: la insatisfacción de la experiencia amorosa tanto hacia Dios como hacia el hombre y la trascendencia del goce y del sufrimiento. *Valverde, 20*, es, en realidad, una dirección del callejero de Madrid que señala el lugar exacto en el que el joven Gala vivió una temporada con sus hermanos mayores, cuando marchó a la capital española por vez primera. Este dato residencial se esconde en la meticulosa biografía de José Infante, *Antonio Gala, un hombre aparte*, y se intuye, por consiguiente, que la génesis del poemario hubo de producirse diametralmente dentro del domicilio que habitaron los hermanos Gala, sirviendo este de refugio para el amor y de refugio del desamor en un experimento que recuerda a lo que conocemos como poesía de la experiencia. *Baladas y canciones* propone un retorno inesperado a la lírica popular no solo a nivel formal, sino también a nivel temático y, por tanto, el amor se viste de sino y de tragedia como en las composiciones castellanas de antaño. En los versos de *La deshora* el amor se funde con el paso del tiempo para nutrir algunos de los mejores poemas galianos, en los que el yo poético no deja de preguntarse, frente al desamor y al destiempo, por el milagro del canto. Por los cauces del amor, la derrota y la muerte reflexionaba, en *Meditación en Queronea*, con extrema delicadeza sobre el exterminio de los miembros del Batallón Sagrado, un ejército «[...] compuesto de amantes y amados a los que era más dura que morir la indignidad de mostrarse cobardes a los ojos de quien amaban», tal y como él mismo apuntaba en las «Palabras previas» a su célebre antología *Poemas de amor*. El tema principal de *Para Mirta (sonetos barrocos)* es la codificación del amor, la cual se sostiene en tres pilares: la indudable presencia de las ideas filosóficas del neoplatonismo, el uso consciente de los elementos configuradores del código petrarquista y la emulación, la actualización y la reversión de los *loci* áureos. Los *Sonetos de La Zubia* contienen algunos de los sonetos más hermosos que se han escrito en el siglo XX y componen un moderno cancionero andaluz de signo neopetrarquista dedicado a Rafael Marín, en el cual asistimos a la descripción de un paisaje, repleto de símbolos, descubierto en la juventud y en la madurez que se integra plenamente en su universo poético fruto del amor y de la fascinación. En *Testamento andaluz*, igualmente, el paisaje se vuelve materia literaria para inmortalizar a los amantes, que se fusionan en las ocho provincias de Andalucía. En *El poema de Tobías desangelado* la vocación del poeta de cancionero, de *homo viator* y de viajante en dos puntos gemelos se unen, convergen: la *peregrinatio vitae* física y la *peregrinatio amoris*, que nos llevan a dilucidar sus paisajes exteriores e interiores, como nunca, a la zaga de Tobías y del arcángel san Rafael, totalmente resignificados.

Por lo demás, baste recalcar que aquí se rescatan, al principio, algunos poemas publicados en revistas literarias de la época y, al término, otros tantos publicados en catálogos absolutamente perdidos, hoy por hoy inencontrables, y se publican, por vez primera, un total de trece poemas hasta este punto inéditos: uno de *Perseo* –«Aparición del amor»–; dos de *Valverde, 20* –el número 7, «[Hay noches en que al dar las cuatro]», y el número 9, «[Cuando son una misma cosa lo que se espera y la esperanza]»–; dos de *Baladas y canciones* –el número 8, «[Yo quise ser el lápiz]», y el número 12, «[Estando ya mi casa sosegada]»–; tres de *La deshora* –«Creábamos recuerdos»; el número 9, «[Al principio es un suave pensamiento]»; y «Desdémona»–; uno de *Meditación en Queronea* –el número 14, [«Exhala cada amor su propia música]»– y cuatro de *El poema de Tobías desangelado* –«Niágara», «Mar Mediterráneo», «Arco de Diana» y «El dolmen»–.

Ojalá que esta antología, que este alegato, sirva para defender la calidad y la coherencia de la poesía de Antonio Gala, aunque, probablemente, a la luz de estos versos amatorios, todos y todas nos convenceremos de que no demanda ya defensa alguna, porque se sostiene por sí sola, porque ha aguardado este momento, tranquila y sosegada, para cantarse y eternizarse.

POEMAS DE LO IRREMEDIABLE

CHOPIN

I. NOCTURNO DE LA SEPARACIÓN

Suéltame el alma. Suelta, suéltame el alma,
que ya tengo su carne dolorosa de tanto ascendimiento,
que ya tengo tus manos hundidas,
formando alma de mi alma.

En mí los clavos de tus dedos me crucifican:
en mí, en mi cruz, en tu cruz,
en la que hay que posarse ferozmente
para poder elevarnos sobre todo y del todo.

Suéltame el alma. No me martirices
si ya sabes que soy como tú fuiste: amigo
de los negros teclados, de los vibrantes teclados, de los
    rotos teclados.
Si ya sabes que mis palmas no tienen ni una gota
de sangre y que mis ojos
no esperan nada de lo que alcanzan a ver,
a entrever, a atravesar despacio.
Si sabes que tropecé contigo
—y fue en un hallazgo súbito, sin ecos—
aquella noche y te tomé la mano, pálidamente fría,
para que interpretases tu tristeza
sobre mi corazón.
Si sabes mis cosas profundas
y mis pequeñas cosas,
¿por qué no nos separamos de nuevo
y desclavas tus dedos
de mi inquietud, de mi temblor, de mi vida?

Federico, me hablaste
de ella con tal blandura
que me has hecho pensar en unos ojos
desconocidos todavía.
Comunicamos suavemente tantos secretos
y tu compañía vivió en mí de tal suerte
que para buscar a ella, a la Belleza,
te necesito.

No me retraje de ti por ti, amigo mío,
delicado viajero mío:
no me retraje de ti por ti.
Ni porque las comisuras de tus labios
no amargaban palabras,
ni porque las articulaciones de tus dedos crujieran al
    estrecharlas
como las teclas de un antiguo piano.

No me retraje de ti porque tu mirada
me confundiera después de mucho tiempo,
ni porque tus oídos ignoraran
si declamaba yo o era la lluvia.
No, no fue por eso: no fue por nada de eso.
Tú no estabas hecho para mirar ni oír,
no estabas hecho para amar siquiera:
no estabas hecho, simplemente.

Y sin embargo yo te hubiera ayudado gustosamente
a llorar cada tarde
y a rezar cada noche el rosario resignado
de tus claros nocturnos,
de tus perpetuos desánimos sin causa, de tus ensueños.

Pero tú no quisiste. Tú tenías
mil ruiseñores y yo un ruiseñor solo
y este tan enjaulado, tan oculto,
que para escuchar su gemido débil
debías apoyar sobre mi pecho tu cabeza.
Pero tú no quisiste. Tú tenías
que ir en busca de una alborada presentida
y empezaste a buscarla por la tarde:
cuando llegó la aurora, estabas muerto.
Y yo tenía la aurora: la tenía a mi lado, dentro de mí,
    encima de mí
y se me iba, se me iba alejando
perseguida por el odiado, por el rotundo mediodía.

¡Oh, Federico!, nuestra rama reciente
quiso florecer demasiado aprisa.
Tú ya sabes: no puede haber un crepúsculo cerca de otro
    crepúsculo;
dos pájaros, si van juntos, no pueden cantar, sino besarse
    en el aire.

Y era preciso cantar, derrocharnos, cantar,
volvernos locos armoniosamente,
escribir, deslumbrados de mar,
una huida de bemoles furiosos
o ir reteniendo el compás del viento
para acordarlo con nosotros mismos.

Por eso me retraje de ti, rebosado de angustia,
y vestí a la Belleza, a nuestra Belleza,
con pieles de camello oscuro y la alimenté de langostas
y sembré de cenizas sus cabellos:

para que te allanara los caminos
y bautizara a los amigos buenos
que se acercaban ya por la ladera.

Por eso fue: ya lo sabes ahora. Por eso fue.
Porque era difícil admirar lo alto
estando a tu altura
y era difícil amar a lo más bajo.
Porque era preciso cantar, cantar, cantar
y el dulce llanto no lo permitía.

Sevilla, 3-XI-49

II. ESPÉRAME

No vuelvas, Federico:
cada día anochece más temprano.
Quédate donde estás, donde tú sabes,
y allí iremos nosotros a encontrarte
más tarde, luego.

No vuelvas, Federico. No, no vuelvas.
Bien estás donde estás: no te conmuevan
los árboles, la brisa no te agite,
ni las estrellas.
Conmuévete tú mismo, Dios de ti,
adorador de tus propios dolores,
que duermes y descansas
con tu propio abandono por almohada.

Repítete a ti mismo eso que piensas.
Repítelo, repítelo, repítelo en silencio.

Si no quieres cantar, no importa: llora.
O si te agrada más, llora cantando;
estremécete, vibra:
llora cantando.
Y alégrate. Y alégrate sin tino,
mas para entristecerte nuevamente:
¡nos hace tan felices tu tristeza!

¿Quién te ha herido tan fuerte
que ha olvidado matarte la sonrisa?
No, no puedes volver –¿ves, Federico?–.
Ya no puedes volver.

Se acerca la tormenta. No: se aleja.
¡Oh, Federico!, dime: ¿tú por qué eres
incapaz de tormentas?
¿Es porque tú llevabas todas dentro
y no dejaste trascender sus nervios?,
¿o es porque te espantaban los relámpagos
y temblabas al trueno?
Juguemos con el sol y con la lluvia
y con el arcoíris.
Juguemos cerca del corcel de fuego
tú y yo: los dos sin corazón.
Pero ¿no juegas? ¡Ah!, ¿no quieres?
No deseas arder, solo tenderte
y esperar, esperar.
¿Eternamente habrás de estar posado
como un pájaro muerto?

Alma triste, polaco: no, no vuelvas.
Ya no puedes volver.

¿Por qué ríes y quieres engañarnos
engañándote a ti?
Siempre serás un niño, Federico.
Un niño sabio, todo temeroso
de decir la verdad.
Es mejor que así sea. Es preferible
que no repitas siempre
lo que no debiste decir ni una vez solo.

Yo sé que amaste porque estabas triste.
Yo sé que recordabas
porque te oí llorar,
pero dime en secreto, blandamente,
si tu amor tuvo nombre
o si te horrorizabas al pensar
que pudiese tenerlo.
Dímelo. O si no, no me lo digas.
Ni vengas, no, ni vengas.
¿Para qué has de venir?
Bien estás donde estás, sentado y frío,
sin pianos, sin notas, sin estruendos:
tú, solo tú: tu amor, tu alma, tu dicha.
Sin mirarnos, sin vernos, sin sentirnos.
¿Qué importamos tú y yo? Di, Federico.
Si ellos están abajo todavía,
¿qué importamos tú y yo?

Sevilla, 3-XI-49

[PRIMAVERA INÚTIL]

[I]

Ah, no, no digas que la Primavera ha nacido
y está (como un fruto reciente,
como un fruto aún no mordido)
desprendiéndose de los últimos luceros
por el hilo de araña de un rayo de luna.
Ah, no, no digas eso.
Porque la Primavera no es un niño pequeño
que aparece de pronto
y antes no estaba todavía.
Ni es una flor que, poco a poco, asoma
su delicada voz de hermana tornera.
Ah, no: la Primavera no ha nacido,
ha vuelto simplemente.
La Primavera es inmortal:
tan inmortal como la muerte,
como la hermana muerte.
Las dos nacieron juntas. Era un día.
El rasguño de la luna
se recató con mansedumbre lejos
y brotaron gemelas, tiernas, niñas
como las alas de una mariposa
o como dos lágrimas claras
cuajadas por una sola pena.
Brotaron así de inseparables
como el álamo y la canción del álamo
y más inseparables que las dos hojas
de un trébol que tuviese dos hojas solamente.

Ellas son algo así como las nubes,
las apacibles nubes infantiles,
siempre distantes, pero, sin embargo,
siempre bogando por el mismo cielo.

Amar la Primavera, Amor, es igual
que desear morir en Primavera;
que desear morir rendidamente
con la cabeza reclinada en tu pecho
y con tus largas manos, pedigüeñas
de mis cansados besos,
sobre mi frente.

Amar la Primavera es no querer
que pase, que se quiebre, que nos deje.
Y eso es posible solo
quebrándonos nosotros, como un dulce
vaso no bien cocido todavía.
Amor, Amor, yo quiero prepararme
a bien morir en esta Primavera,
que es la misa en que tú viniste a mí
y la misma en que vendrás junto a mí luego.
Te esperaré. Te esperaré en silencio
y ella te servirá de suave guía.
Yo estaré donde esté la primavera.
Pero tú, Amor, no grites, no te alarmes
si me ves adormirme en un suspiro:
que amar la Primavera es cosa igual
que desear morir en Primavera.

23-III-50

[II]

Sí, sí, lo sé: la Primavera,
quieres oírme hablar de la Primavera.
Quieres que te hable del sotillo de olmos
y de los apretados azahares,
de los azahares adolescentes todavía.
Quieres cerrar los ojos y escucharme
decir del cielo hondísimo
y del gorjeo hondísimo
y del desafío que dos jilguerillos
tuvieron ayer tarde en una rama.
Yo desearía hablarte de la amanecida
que sorprendió a la tierra componiéndose
bajo su verde túnica esponjosa
que tiene el color de la esperanza ardiente.
Yo te hablaría del temprano ventalle
que abanica las hojas y mis mejillas
y tus mejillas y este sentimiento
que entre los dos llevamos
secretamente.
Yo te hablaría de los mástiles
y de los gallardetes en el mástil más alto
y te hablaría de cómo la Primavera
hace reír, estremecerse al río.
Ah, no: el agua ya no tiembla de frío, no:
es que la Primavera deja huella al pisar.
Yo te hablaría de las mínimas cosas,
de las humildes cosas:
el jaramago, la pequeña nube,
un vilano, una pluma, una voz dulce.
Yo te hablaría, vida, vida mía,

de las humildes cosas.
Pero, ya ves, los dedos de una angustia
ni respirar, ni amarte ya me dejan.
¿No crees tú, Amor, que es bello el ir perdiéndose
del mundo en flor, el ir abandonando
la clara mano de la Primavera?
Y la tierra ha de quedarse sin nosotros
y más nuestra que nunca,
y más abrazadora y más celosa
de nuestro cuerpo comulgado por ella.
Y la tierra ha de quedarse sin nosotros
alegre todavía:
seguirá el sol, seguirán lejos las montañas
y el cielo azul y las margaritas blancas.
El Ángelus, de seguro, lo anunciarán esquilas a la tarde.
Seguirá cantando el que siembra
y el que recoge:
solo nosotros estaremos mudos.
Fíjate, Amor, fíjate qué milagro:
mudo en Primavera.
Qué bello es alejarse de las cosas
sin que las cosas se den cuenta
y que sigan riendo y revolviéndose
como cuando nosotros estábamos en medio de sus risas.
Qué bello es dejar todo para siempre
sin despedida, Amor, sin despedida.

23-III-50

[IV] DEDICATORIA

Ya se acerca, la siento.
Aunque pisara solo sobre césped,
la sentiría.
El mundo se me va alejando al paso
que ella se acerca. Amor, toma mis manos;
Amor, besa mi cuello,
que los tallos están a punto de quebrarse
por tanta y tanta gravidez del día.
Amor, ven junto a mí
y defiéndeme tú de esta lanzada
que se acerca y ya siento.
No te tardes, Amor, llega ligero
y apriétame en tus brazos
como a un niño pequeño, horrorizado
por la tormenta,
como a un pequeño pájaro, tembloroso
de frío en los finales del otoño.
Amor, Amor, Amor que ya se acerca,
que ya está aquí,
y se ve el polvo de su cabalgadura
que no me deja respirar, el polvo
de su cabalgadura que ha de ser
sábana de mi lecho, el polvo
de su cabalgadura que me ciega
a todo lo que no sea sus ojos,
sus negros ojos, su figura,
sus desconsuelos.
Amor, Amor, ¿tú sabes
lo triste que es morir en Primavera?
Y no languidecer ya más ante el espeso
ambiente, ante el ambiente fatigado.

¿Tú sabes lo que es volver la espalda
a los trinos de todos los pájaros
y a los amables brazos de todos los árboles
y a todos los horizontes azulados
y a todo el sol y a todas las estrellas
y ya por siempre?
¿Tú sabes lo que es perderse, perderse
sabiendo que continuará la Primavera
y que los campaniles se teñirán solos
cada mañana?
Amor, Amor, me salve tu belleza,
que no quiero hacerme Primavera todavía,
que no quiero que mi cuerpo florezca
como un verde tronco sin frutos,
enterrado y desconocido.
Oh, no, no quiero que tú pases
sobre mi cuerpo sin percibir
que te llamo y te llamo a gritos
sin obtener respuesta de tus labios,
de esos labios tan palpitantes
como pétalos en la brisa.
Amor mío, mi vida, no me dejes
morir en Primavera
sin el remedio de tus dulces besos
como abejas en el panal viejo y deshecho
de mi corazón, jardín sin flores.
Entre las manzanillas aún se escucha
la voz de plata de los reyezuelos
y, a la noche, un ruiseñor sin tiempo
enloquecerá de amor en el aliso.
Yo no quiero morir.
No, yo no quiero morir tan pronto.
Cuando la tarde

se envuelva en rojo, ella estará cerca:
me lo han dicho las pálidas manos
de mis presentimientos: no me dejes solo
porque desde mi almena se divisa
una cabalgada oscura sobre el prado.
Amor, Amor, ¿no me oyes?
¿Te has dormido también tú,
como las nubes, como las rosas insensibles?
¿No quieres escucharme tú tampoco
o es que los ruidos de la Primavera
no te permiten atender
los débiles gemidos de mi pecho?
Oh, no quiero morir.
Oh, no, no quiero
morir en Primavera,
no quiero desaparecer, poquito a poco
como un eco sin voz,
como un remolino de hojas,
como la huella de un ala en el viento.
Estoy desamparado
y ella se va acercando lentamente,
irremediablemente,
a esta amargada pesadumbre mía.
Si tú no me defiendes,
si tú no me oyes, Amor mío, mi vida,
preferiré entregarme del todo
y no oír más gorjeos
y no sentir ya más los latidos
de tu corazón o de mi corazón.
Ven, ven, ven a mi lado
y bésame por última vez
los párpados, rendidos de buscarte,
y los labios, rendidos de pronunciar

tu nombre inútilmente.
Amor, Amor, Amor, ¿es que no me oyes?
¿Es que no quieres que viva en los linderos
de tu Primavera, Amor, de tu dorada,
de tu azul Primavera?
Amor, ¿por qué no me oyes?
¿Por qué no me oyes, dulce vida mía?

24-III-50

[V]

He buscado tanto, he amado tanto la Primavera
que ya el otoño se me antojaba Primavera
cuando iban a viñar los viñadores.
Cuando iban a viñar a las afueras
yo me he tendido blandamente en tierra
y me he echado a llorar.
Más numerosas que las de una larga lluvia
han sido mis lágrimas,
y eso que yo creí
que de tanto buscar la Primavera
no me quedaban ojos para más.
Y estando así, blandamente tendido,
ha florecido sobre mí el naranjo
y me ha vertido dos delicados pétalos
sobre mi hombro.
Y mis lágrimas se han vuelto dulces de repente
y he comprendido y he gritado
porque la Primavera está aquí.
Está aquí. Me ha venido

sin ton ni son, en una hora cualquiera.
Me ha venido sin rozar más prados
que estas dos manos mías,
sin inundar más aljibes que mis ojos,
sin reverdecer más fruto que mi corazón.
Me ha venido en silencio,
como una mansísima paloma,
y se ha querido posar con ternura en mi hombro.
Yo no sé, no sé cuánto tiempo
se hospedará en mí la Primavera,
pero sí que cuando ella
se decida a dejarme
yo me iré también, me iré para siempre
detrás del manto de la Primavera.
Estoy solo, más mudo y solo
que el sol en los brazos del cielo,
pero no necesito nada, no ansío nada.
Oh, no, ¿para qué?
La Primavera está conmigo.
La Primavera está conmigo ya para siempre,
habitando en mi casa,
tomándome las manos suavemente,
acariciando mis cabellos,
y acaso llegue un día (oh, bello día)
en que la Primavera se me acerque mucho
y me bese los labios largamente
(oh, bello, oh, incomparable día)…
que me bese los labios.

26-III-50

[VIII]

Yo comprendo, Señor, que tus crepúsculos
se han de teñir de sangre cada día,
pero ¿por qué ha de ser mi sangre
la que enrojezca siempre tus crepúsculos?
Yo sé que tus tormentas han de oscurecerse
para que tiemble el hombre, para que el ave
apresuradamente se recate,
para que los arroyos se coloquen
de puntillas y beban.
Yo sé que han de ser negras las tormentas,
pero, Señor, ¿por qué mi dolor es el único
que puede negrear en tus tormentas?
Dime, Señor, si el alma tengo
en carne viva, si estoy ya tan cansado
de sufrir que ni los ojos puedo levantarte,
si a mis manos las hiere cada cosa
(hasta las cosas tiernas que se ofrecen
a toda mano).
Dime, Señor, ¿por qué ha llegado a mí
la época de la sacudida,
la época en que tus manos
me agiten duramente
para obtener de mí los frutos que no tengo?
Los frutos que no tengo todavía, oh, Señor,
porque el otoño mío aún está lejos
y me parece que es como un horizonte
que siempre está allí, lejos de todo.
La Primavera mía es esta: verde,
con una suave forma de colina
que viniera hacia el mar piadosamente,
con un cielo, limpio y abierto,

en el que el sol es demasiado sol a veces.
La Primavera mía es así, verde,
pero temprana, pero cohibida,
como una novia niña todavía.
Fuera es hermosa, Señor, pero Tú sabes
que los gusanos siempre están por dentro.
Por eso yo ahora te pregunto,
Señor, si no te has de ofender,
por qué ha de ser sangre mía siempre
la que salpique tus crepúsculos.
Pero solo sin ofenderte lo pregunto,
si no, Señor, déjalo así, no importa.
Deja que mi costado se desangre
en el atardecer enorme y largo
y restaña luego la herida con tus linos,
blancos y maternales, como las nubes de la aurora.
Yo cerraré los ojos cuando sufra
y si no puedo verte, Tú sabrás perdonarme,
pero sería imposible
recordarte sintiendo sus caricias,
sintiendo sobre mi rostro sus cabellos,
sintiendo sus dedos entre los míos
como el broche que cierra nuestro amor.
Yo cerraré los ojos cuando sufra,
cuando me quede solo debajo de Ti
y no quiera hablarte como antes
porque esté avergonzado de mí mismo
y de haberte olvidado
por el oro de sus ojos bellísimos.
Yo cerraré los ojos
y notaré el resbalar de mi sangre
y respiraré la rojez del crepúsculo
(de tu crepúsculo y del mío).

Pero esto, Señor, si es que te ofendes,
si es que te ofendes solo.
Y si no, si me escuchas
con una benévola sonrisa,
amplia como este mundo milagroso,
si me escuchas eternamente
y cuajan en tus ojos una lágrima
estas pequeñas penas de tu hijito,
Señor, si tu mano tiembla un poco
al deslizarla sobre mi cabeza,
yo te pediría más. Te pediría
que sus dedos entre los míos fueran solo
una plegaria, una doble plegaria,
estremecida como cualquier plegaria,
como la del rocío, como la de la palmera,
como la de las alas de los pájaros.
Te pediría que sus ojos fueran
como un testigo de Ti y de tus ojos
y yo, adentrándome en ellos, como en un trigal intacto,
te hallara a Ti, divino sembrador de alegrías.
Ah, yo te pido todas estas cosas
y no sé si te pido demasiado.
Pero pienso que el amor es solo uno:
tu amor, su amor, el de la Primavera.
Corrígeme, Señor, si me equivoco,
amablemente como al niño que empieza,
y dime si te he de amar de distinta manera
de la que amo a sus manos o a sus senos,
y dime si el amor no es uno solo:
el tuyo, el suyo, el de la Primavera.

28-III-50

POEMAS DE LO IRREMEDIABLE

I

Un poco más y solo quedarán las estrellas.
Tus ojos habrán muerto para mis ojos y algo
pulido y fino, como un puñal de negruras,
se me entrará en el alma sin que pueda esquivarlo.
Yo presiento que el alma se me anega en la noche,
mientras va caminando con la infantil torpeza
que caminan los pájaros.
                                        Un poco más y solo
quedarán las estrellas dialogando conmigo,
en un diálogo enorme de silencio y silencio.
Un poco más... y luego vendrá lo irremediable.
Todas las mariposas murieron hace siglos,
hace ya muchos siglos: cuando la primavera,
y quedamos mirándonos fijamente en los ojos,
mientras el aire hacía quejarse a la enramada.
Entonces yo te dije que era mejor dejarlo,
abandonarlo todo, hacer como las nubes,
como el agua y el viento.
                                        Pero tú no quisiste
y ahora estoy tan huido, tan lejos de las cosas
que, por verlas, tendría que soñarlas primero.
Ah, besaré la estatua, besaré las estatuas,
porque tú permaneces tan segura en ti misma
que la mujer de Lot se espantara de tanto.

Te diré una tristeza antes de que te apagues:
ayer quise besar a un pájaro en las plumas
y lo llamé y tendí mi mano hasta su vuelo

y él jadeaba, me odiaba en su pico, en sus patas,
en sus veloces alas, en su trino, en sus ojos.
Yo quería explicarle por qué lo perseguía:
para besarlo solo, para que les llevase
mi mensaje a las cosas, mas preferí no hacerlo
porque no entendería, no podría entenderme:
tan distante de todo me arrastraron tus manos.

Por eso yo te digo que ya es tiempo de hacerlo.
Que ya es tiempo del tímido arribar de la noche,
del tímido noviazgo con la nada, del tímido
enfrentamiento a solas con el dulce vacío.

Un poco más y luego te habrás ido. Buscando
la madrugada nueva que tanto me exigiste
te habrás ido. Buscando lo que llevas tú dentro.
Un poco más y el tiempo dejará de ser tiempo:
un poco más y solo brillarán las estrellas.

Santiago, 2-VIII-50

II

Mira cómo la noche se me acerca sumisa,
como un lebrel oscuro que comiese en mi mano.
Mira cómo la angustia chispea y se me extingue
por ver a todo el bosque mirarse en el calvero.
Se me alargó en silencio el gañido en las fauces
y ahora estrangula el alma una sequedad turbia
que desciende de lo alto como un agua vertida
por no sé qué luceros, soñándose en lo negro.

Ya puedes ir diciendo las últimas palabras
porque lo irremediable paso a paso me llega:
este ocaso de todo me abrazará despacio
manchándome de sangre la espalda con sus manos.
Me abrazará el ocaso, despacio y tiernamente,
como a alguna persona buscada hace ya tiempo
y no podré más verte, tendida entre las cañas
con las manos tendidas, a la orilla del río.

Oh, tus ojos no tienen la lumbre suficiente
para aclarar la senda. Oh, tus ojos no tienen
el espejar preciso para que yo refleje
mi nada entera, viva que no puede partirse.

Mira cómo la noche se me acerca sumisa
y me cuesta jadeo adivinarte cerca
de mí, saberte mía, no olvidarme que existes.

Yo dormiré, ¿tú sabes? Yo dormiré extasiado
toda la noche, toda la larga noche que se acerca
y quién sabe si luego podré reconocerte
cuando a la madrugada me despierte tu canto,
al ver sobre tu frente la rosa recién muerta.

Quién sabe si en el sueño yo soñaré contigo
y al pájaro azulado tú sola, tú, tú misma
le espantarás el vuelo al querer retenerlo.

Mira, es mejor decir las últimas palabras:
la noche cuando pisa no abruma la pradera
y quizá este silencio es ella que nos habla
con más dulzura que Dios habla con los árboles.

Mira, es mejor decirnos adiós. Y con las manos,
porque con las palabras acaso despertasen
todos aquellos gritos desbocados de entonces.

Cuando cierre mis ojos el beso de cansancio,
cierra también tus ojos y aléjate sin ruido.
Pero, por Dios, no quiebres por descuido las cañas,
que esas que tiemblan son soportes de mi sueño.

Irremediablemente va lloviendo la noche
con la lentitud firme de quien está seguro,
con la lentitud firme del águila que oscila
como una mota negra en el agua de un vaso.

Irremediablemente nos contempla, esperando,
con su vieja costumbre de atisbar despedidas.
Mira, es mejor decir las últimas palabras
porque ya siento el sueño, el sueño irremediable.

Santiago, 8-VIII-50

III

Ha empezado a verterse en los campos de agosto
una lluvia menuda como el llanto de un niño.
Tengo una fina niebla temblándome en los ojos,
no sé ya si llueve o es que mi alma oprimida,
en la claridad mustia, va a romper a llorar.
¿Qué puedes tú decirme que yo no sepa? Escucha:
¿qué puedes tú decirme?
                              Siento un vuelo torcido
quemándome los labios y no quiero atreverme

a preguntar qué es esto que aletea en silencio.
Prefiero estar callado, frente a frente contigo,
suplicando a las altas campanas que no piten
por que no se desfleque este instante tan nuestro.
Este instante tan nuestro, tan clavado en nosotros
que es el último instante. Así prefiero que sea
la mirada que cierre el mirar para siempre.
Oh, no escuches el bando en la plaza del pueblo;
no atiendas los romances de rueda, ya a la tarde;
no des la luz siquiera cuando el sol se haya puesto:
porque esas son las cosas que traen todos los días.
Y después de este día, no han de venir ya otros.
Irremediablemente continuará lloviendo
y yo tendré los ojos turbios de tanto verte,
de querer apresar en un segundo todo
lo que olvidé de ver el tiempo que podía.
¿Qué puedes tú decirme que yo no sepa? Dilo,
dilo y que sean tus labios como flor al cerrarse,
como una inesperada revelación, como una
pesadilla de nubes, que a deshora nos viene
y, una vez que la amamos, a deshora se va.
¿Qué puedes tú decirme? Dilo, dilo deprisa
porque esta tierna lluvia reblandece la tierra
y la está disponiendo para que yo, sin fuerzas,
me tienda suavemente, a dormir en sus brazos.
Tus dorados cabellos están todos cuajados
con la gran rociada de este gris mediodía.
Tus dorados cabellos sin la miel y la cera
de la dura y temblada colmena de mi pecho.
Oh, no, yo no renuncio. Yo acepto la renuncia
que por mí hacen la lluvia y el sol y los pinares.
Yo tomo el sacrificio como rosa que araña
y a la que no podemos destrozar de cansancio;

como rosa espinada, cuya delicadeza
es mucho más que crimen abandonar al viento.
Irremediablemente las palabras chispean
y se van extinguiendo, cabo de vela tibio,
blando que nos gotea de sus gotas ardientes,
endurecidas luego en el molde del frío.
Sueño de ti, princesa, que se me va alejando
y me deja a mis solas sin poder ni soñarte,
como un barco cargado con feliz cargamento
que rechaza y rechaza maldición de la costa.
A mis solas queriendo y sin querer soñarte:
la lluvia, tú, tus ojos, tu mirada, la lluvia…

Cuéllar, 21-VIII-50

POEMAS DE LLUVIA

IV

Cómo abruma, Dios mío, tu llanto a los olivos.
Siete lágrimas tuyas, Señor, por cada hoja,
siete lágrimas nuevas, temblorosas, rotundas
a punto de calmar la sed de las colinas.
Este verterse mustio de los cielos abiertos,
esta nube, este viento, esta soledad mía
que te tiende los brazos, ignorantes y ahítos
pidiéndote, Dios mío, que no quieras ahogarla.
Cómo abruma tu llanto. Qué fatiga se arrastra
sobre la giba dulce de las hermanas lomas,
afelpadas de verde. Qué fatiga y qué sueño
prolongándose a gritos, buscando el horizonte
que tu enorme sollozo esconde de repente.
La flor, la flor del mundo se ofrece rociada,
apetitosa, tibia como un pan recién hecho:
toda la flor del mundo perfuma a tierra virgen
y el vientre de la tierra sabe que ha concebido.
No más lluvia, Señor. No más saberte arriba.
No más ver disgregarse el terrón suave y bueno:
quedarnos somnolientos, apretados, confusos
y presentir que luego, cuando nos despertemos,
tu sol habrá brotado, como flor de las nieves.
Señor, calla, no lluevas: el niño de nuestra alma
tiene frío y tantea los senos de su madre.
Déjanos solos, pobres, enfrente de tu mundo,
sin recordarnos tanto que somos criaturas.
Oh, tus dedos, Señor, los dedos de tu lluvia,

¡se hunden tanto en la carne de nuestra vieja tierra!
De esta tierra que siempre será recién nacida,
vaporosa, lanzando su vagido primero
debajo de tus nubes recién amanecidas
con haz y envés, igual que las hojas de mayo.
Oh, tus dedos, Señor, los dedos de tu lluvia.
Apártalos y deja que se aduerman las hojas,
pobres, verdes, humildes, enfrente de tu mundo,
porque tu llanto abruma, Señor, a los olivos
y abruma nuestras almas que están acostumbradas
a contar sus miserias debajo del sol de oro,
la moneda divina que nos das de limosna,
el divino pan nuestro, Señor, de cada día
sin el que hoy hambreamos, sin el que hoy te pedimos
que te acuerdes de nuestra desnudez, oh, Señor,
y no olvides que somos como tristes hormigas
que van y vienen y andan en busca de sustento
cerca del hormiguero que Tú estás inundando.
Oh, tus dedos, Señor, los dedos de tu lluvia.
Apártanos, Señor, el azote del viento.
Apártanos el silbo y la furia del viento
y el abrumar del viento apártanos, Señor.

Castilleja, 23-I-51

V

...Y mañana habrá charcos...
Todo será como un charco mañana...
Y la tristeza será también igual que un charco.
Mira, toma mi mano

entre las tuyas y óyeme decirte
que tengo miedo porque tú no estás,
porque no puedo contagiarte el temblor de mis dedos,
ni ver cómo la lluvia
juega a coronarte de rocío la frente.
Mira, toma mi mano
y déjame llorar. Así (¿no sabes?)
podré decir que fue la lluvia
la que me mojó el rostro,
podré decir que fue la lluvia
la que me puso gris el alma
y me llenó la boca de sal.
Oh, sí, ya sé que no soy nada:
que los cielos seguirán abrevando a la pradera,
que los arroyos seguirán
rizándose, que las hojas
fingirán lluvia cuando ya no llueva.
Ya sé que no soy nada,
pero, mira, no importa,
tú toma mi mano
y estate así, en silencio,
oyéndome callar.
Porque mañana será distinto todo:
las montañas, las nubes, tú, la yerba.
Mañana habrá pasado este momento
en que cada pajarillo busca su nido,
en que mi mano fue, ciega, buscándote.
Mañana habrá sido mentira este momento
y todo quedará
como ayer, como siempre.
Solo una diferencia,
solo una pobre huella

de que hubo hoy, de que existió mi soledad,
de que temblé de frío:
porque mañana habrá charcos,
pequeños, grandes charcos;
todo será mañana como un charco:
las montañas, las nubes, tú, la yerba.

Castilleja, 25-I-51

...Y tú te irás. Vendrá la Primavera
y tú te irás como se va la tarde,
como se van la aurora y el rocío,
prometiendo volver al día siguiente.
Sin dejarme clavar en los rosales
la espina de mis gritos, sin dejarme
abrir el alma para que te mire
antes de que tus besos se me apaguen.

...Y tú te irás. Vendrá la Primavera
y yo me iré quedando sin tus manos,
sin tu voz, sin el dardo de tus ojos,
sin la vida total de tu presencia.

...Y tú te irás. Te irás sencillamente
en la creencia de que has de volverme,
pero algo me dirá que se han quebrado
de súbito los vasos de mi risa.

...Y tú te irás. Vendrá la Primavera,
como siempre, a estrecharse entre mis labios,
vendrá a envolverme, a enloquecer la tierra,
pero tú te habrás ido.
Ah, qué dolor gozoso el de no verte.
Qué agudo el filo de mi desamparo
sin despedidas. Qué dolor gozoso.
Porque has de irte como aquel que sale
por diez minutos y no vuelve nunca;
como la rosa que se va muriendo
sin saber cómo, irremediablemente.
Y cuando me pregunten los que pasen
y me vean llorando

yo habré de responder: salió y no ha vuelto.
Ah, cómo corta este saber la herida
cerca y oculta.
Cómo destroza el nardo y el gorjeo
este pesar seguro y escondido.
Porque te irás. Y cuando te hayas ido
vendrá la Primavera
sin Primavera, y yo esperaré siempre.

Castilleja, 30-III-51

SAN SEBASTIÁN, POR EL GRECO.
PALACIO DE COTROCENI (BUCAREST)

Fueran rosas tus llagas, fuera nardo
tu palidez de aurora, fueran lirios
tus sienes, tu desnudo cuerpo fuera
sándalo herido y no te viese entonces
más hermoso que en este agonizante
reclinar de tu nuca sobre el áspero
capitel de las ramas.

La oración de tu cuerpo taladrado
se ciñe a la blasfemia
del agrio tronco, yedra así constante,
dardo de llama así bajo los dardos
con los ojos perdidos y las manos
perdidas en la póstuma caricia.

El sereno tormento, la agobiada
placidez de tus hombros virginales,
rinde apenas el silbo y el desgarro
certeros de las ágiles saetas,
temblorosas en ti por tus dolores.

En tus caderas, qué gustoso llanto
vierte tu sangre, lenta salicaria,
bajo el amargo goce del cilicio:
en tus blancas caderas ignorantes
de otro tacto que el que abre, pierde, abrasa
los gajos de la carne y su blandura.

Muérdago el más sagrado reverdece
la sequedad del árbol con tu savia

y la sencilla flor de tu abandono
brota en su pesadumbre, cautivada
por las duras raíces.

La ausencia de tus ojos tiende al vuelo
hasta perder de vista las montañas
y anida en el alero venturoso
de la casa del Padre prometida.

Oh, qué prisa la muerte por gozarte
tiene en sus dedos, qué premura anima
sus penetrantes besos en tu carne.

Virgen tú, en el umbral de su morada,
llámasla y el deseo te arde el labio
al invocar quietud y nieve suyas.

La joven sed del cuerpo entretenida
busca ya saciedad y busca eterno
blanco la eterna flecha de tus ansias.

Así, cuando se lance y clave el alma
en el confín secreto de su hallazgo,
clara sonrisa se abrirá en tu boca
y otra mirada cegará tus ojos.

Córdoba, 3-XII-51

PARÁBOLA DEL CIERVO HERIDO

Eras como una torre. Quebrabas la espesura
del aire al ir. Y eras como una torre.
Decapitabas la sazón del aire
con tu embestida y eras una torre.
Los dioses del bosque mutilados
se arrodillaban y eras una torre.
Eras como una torre levantada.
La perfección esbelta, el movimiento
exacto, la serena potestad
de las torres tenías y los dedos
del otoño en la frente.
Ibas sorpresa alzada, certidumbre
del jaral moteado, leve prisa
sin razón. Y ahora ya no eras más torre.
Quién asirte, qué vértigo pudiera
consumir esa alada audacia frágil.
Destello sin asiento, ala de lumbre,
palpitación del bosque parecías.
Quién rebalsar las aguas consiguiese
de tu huella en la arena, quién beberlas.
Lejano paso tuyo, temeroso
del ave blanca de la sed, del tibio
fruto encendido, del perfume ajeno;
singular mariposa despertada
por un aire en la rosa sin respuesta.
Ciervo herido, ¿por qué te confiaste?
Qué dolor verte no como otras veces
con el celo temblándote en los remos
y el amor enredado a la garganta.
Tu pensamiento, verde y diminuto,
se desprendió de ti, como una hoja

al golpe del dolor; no piensas: sufres.
Qué dolor verte en tierra, torre hundida,
ruina de ciervo, qué dolor sentirte.
Y esto es así: no un sueño, no un presagio.
Esto es así: podrás saltar de nuevo,
volverá el césped, crecerá el aliso,
enloquecerá abril a las alondras.
Y esto es así: podrás gozar del alba,
pero no serás más que ciervo herido.
Sobre la yerba gris del desengaño
pacerán luz tus ojos inocentes,
el triunfo de tus astas en la derrota
se esconderá del sol entre la fraga.
Con la carne fugaz e imprescindible
despertará la juvenil caricia,
tu comezón de río, el blando séquito
del amor nuevo. En la dorada alcurnia
de tu cuerna no arraigará la muerte,
retornarán a los remansos dóciles
para dejar que beban tu figura.
Todo será igual que antes: el ribazo,
la verdura del prado y su apariencia,
pero el bosque te sabe ciervo herido
y los dioses del bosque te persiguen,
pobre enemigo solo, entre los árboles.
Porque estás solo ya. Solo del todo,
hijo de Dios, criatura, ciervo herido.
Porque estás solo y estarás solo
mientras la soledad, poblada y áspera,
como yedra se enrosca a tu ramaje.

Córdoba, 21-X-52

PRIMEROS POEMAS EN REVISTAS

EL VASO

El vaso que me diste, Señor, aquí lo traigo;
aquel vaso de barro que me diste por gracia.
Se me quebró una tarde cansado del crepúsculo
y luego no he podido reconstruir su forma.
Aquí lo traigo roto, y no pienso pedirte,
Señor, que me perdones, porque no me arrepiento:
en él bebió la boca que ha olvidado el olvido
y en él bebió mi alma su parte de cicuta.
Ya no me queda nada, Señor, ni Tú siquiera,
porque Tú te me fuiste también entre los árboles
aquella noche clara en que yo te pedía
que volvieses más tarde, para estarme a su lado.

Ahora todo ha pasado. Ya no quiero la vida.
Tu vida, ese cilicio que apretaste a mis carnes,
sin el cual me desangro por mil largas heridas
y con él un mordisco me oprime de jaguares.
Sin tus cielos azules, demasiado tranquilos,
he vivido, Señor, y no he echado de menos
la tibieza de lago de tus manos enormes
que sostienen el mundo, como un juego de niños,
ni la vasta y segura extensión de tu pecho,
donde el alma se pierde, como en un mar de dunas.

Aquí traigo tu vaso, Señor, tornado añicos.
Yo, Señor, no te dije que lo hicieses tan frágil,
ni siquiera te dije jamás que me lo dieras,
porque tal vez sin vaso puede también vivirse.
Y si no, yo no quise vivir, no, yo no quise
que me inflaras de vida como un globo de goma
y me dejaras libre con las risas del viento.

Yo, Señor, hice cosas que Tú llamas pecado
y sin embargo amé, como Tú, totalmente,
con mi cuerpo y mi alma, con mi vaso de barro,
con lo que no era vaso ni barro todavía.
Pero ya ves, Señor, que todo ha sido inútil.
Tú no quisiste aquello que yo quise y ya ves,
de nuevo estamos solos y esta vez frente a frente,
yo con mi loza inútil, Tú con tu inmensidad.

Castígame si quieres, Señor, ya no me importa.
Tu mundo es solo tuyo; tu castigo, tus árboles.
Todo es tuyo, Señor; tuya es también la rabia
que hace poco me hervía como un yerro aquí dentro;
y hasta este dentro mío, tan inservible ahora,
es tuyo, como un campo vallado por Ti mismo.

Haz de mí lo que quieras. Tú eres grande y yo apenas
una mota de polvo prendida en tu sandalia.
Puedes hacer incluso el milagro terrible
de rasgarme del todo y llevarme a tu amor;
puedes volverme aquí, en este instante mismo,
como se vuelve el paño de un abrigo gastado.
Ya todo me es lo mismo. Yo he cumplido contigo,
mal o bien yo he cumplido: aquí tienes tu vaso.

MADRE

A la mía, maternalmente

Tú me hiciste doliente.
Doliente al transmitirme, con la vida,
el dolor que mi vida te costaba.
Doliente eres tú misma y yo doliente
de ese don largo, apenas aprendido,
que no tiene ni dónde, ni por dónde.

Qué catástrofe azul mi nacimiento
que te dejaba virgen todavía:
antes del brazo tuyo, cuando el seno,
fue el hijo quien perdió, los labios mudos,
la virginidad tuya, madre ahora.

Tibia conjugación, tú me tenías
envuelto en ti, primer verso tu seno.
Quién pudiera volver al blando cáliz,
gozar la blanda intimidad de entonces,
hacerte cuna, reclamar un puesto
en la perpetua cuna de tu cuerpo.

Madre, y toda la tierra
madre también, absorta,
pendiente de tu hijo,
sintiendo el verso agudo de tu hijo
que se clava en el sitio en que él estuvo,
para que ella lo alumbre nuevamente.
…Y otra vez el dolor del verso propio,
del hijo propio, ya dos veces hijo.

Madre, poeta: déjame leerte.
Porque yo soy tu verso y tú el regusto
de mis versos: Madres los dos, poetas dulcemente.

Ojos abiertos tuyos, que me vieron
antes de ser, antes de haberte dado.
Ojos tuyos que fueron manos, pecho,
labios, gozoso reclinarme en ti,
gozoso reclinarme en tus pupilas
que adivinaron versos no cantados.

Manos tuyas, estrofas.
Fieles gritos lamiendo mis heridas.
Manos que alargan la caricia, para
poder verterla luego lejos.
Mano derecha tuya infatigablemente
alojada por mi corazón,
como el huésped que acaba por hacerse,
a fuerza de ternura, amo de casa.

Abismo, flor, perfume tú no tienes:
el corazón te lo robé yo un día...

Qué apariencia de nube enternecida,
de tarde redondeada en el poniente.
Dentro de ti, la sabia
perfección del gorjeo.
Tú eres amor, amores,
madre, lumbre encendida por tu hijo.

Qué temor sin ti, como
el temor sin el aire,

sin el árbol y el agua silenciosa.
Como el temor sin mí cuando me dejas.

Verso de Dios, verso de un hombre, mira
que el verso mío vuelve a ti saltando:
rayo de luz contra el espejo, lluvia.
El verso mío vuelve golondrina.

Vamos tú y yo, los únicos,
sobre el césped: la vida.
Los demás son lejanos, inconcretos. Tú y yo
vamos rotundamente
de la mano del mundo.

Y no podremos irnos
en distintos momentos, separarnos.
Porque cada uno, madre,
somos los dos, seremos
los dos en Dios, cuando la vida venga
sembrándonos estrellas en las órbitas.

Tú y yo, más tarde, ahora,
podremos confundirnos suavemente,
utilizar los dos la misma rosa,
la misma yerba, el mismo campanario.
Antes ya utilizamos, largo beso,
ambos el mismo cuerpo por estancia.
Oh, presencia de ti, presentimiento.
Mansa belleza, lago, madre mía.

PARÁBOLA DEL PÁJARO BLANCO

En el ramaje melodioso del aire
a gorjear se ha puesto un pájaro blanco.

Si veis a mi corazón, decídselo.

Decídselo lentamente en voz baja.

No le digáis que el huerto está todo así, dulce,
que el gris ha huido y que ha llegado el sol.

Decidle solamente que un pájaro blanco
se puso a gorjear entre el frondor del aire.

No le toquéis el sueño.
El sueño que logró conciliar a fuerza
de morderse el anhelo de sus labios.

Sed compasivos: no le toquéis el sueño.

Pero si tropezáis a mi corazón paseando
con la vista en la tierra mustia,
decidle que hay un pájaro blanco
gorjeando todo el día aquí cerca.

Podéis hablarle antes de otras cosas,
porque él suele miraros distraídamente,
pero no dejéis de decirle al partir
lo de este nuevo pájaro.

Si veis a mi corazón, decidle
que él y yo estamos aguardándolo siempre.

Decidle que tiene dispuesto un cobijo
apartado y tranquilo de inviernos,
y que aún conservo el lugar
donde se aposentaba en mi pecho entonces.

O si no, mejor será que no le digáis nada.
Miradlo a los ojos y dejadlo pasar sencillamente:
él os comprenderá.

VERANO

A Suzanne Yacovliévitch

Ángeles doran. Ángeles dorados
doran tu frente, luna, desbandada.

En el íntimo azul de las estrellas
piensa tu frente dulce el horizonte.

Parpadean las alas verticales
pluma sutil, crisálida armoniosa:
sol entre nube y prado descendido.

Van y vienen los Ángeles dorados
a media voz besando tu silencio,
envolviendo tu flor en sus estambres,
así la rosa límpida del alba,
y suscita un temblor de mediodía
la encarnación del ave y tu lamento.

En la esbelta espadaña de tu cuerpo
siete agostos de Arcángeles se posan
y la aguda caricia de sus manos
torna vivo lincurio la esmeralda.

Doran Ángeles, doran la hermosura
de tu predio de nardos y fallecen
sobre garbas doradas florecidas
con el beso del junco en las rodillas.

Vuela de oro el Amor sobre mi rama
y en los labios me duele hasta el suspiro
un sabor de limones azorados.

RESURRECCIÓN DE LOS MUERTOS

Familiar y terrible es el Misterio
como el nombre de Dios.

La lluvia batirá contra el oeste
de la vieja roca enredada de zarzas,
donde se cobijaba la buena compañía.
El musgo, los helechos y la yedra, también abandonados,
desesperadamente verdearán una vez más.

Será con el griterío anterior a los lirios morados;
cuando el molinero piense que la vida es un largo
   episodio,
en el que no se tiene un pequeño jardín
y se llevan a pacer los rebaños ajenos.

Será con el ruidoso olvido que precede
a la obsesión de la Ceniza
cuando el lago recóndito se sienta navegado.

Será alrededor del Mediodía
y los álamos apenas respirarán en el viento.

El Misterio se ofrece deslumbrante como el sol de agosto,
apacible como la penumbra,
pero los hijos de los pobres son temerosos siempre
y huyen acongojados del Misterio.

Mirad, cuando la Fuente no esté ya enterrada
o no tenga la yerba el gusto amargo de la incredulidad,
precisaremos una incansable voz que proclame tal júbilo.

En tanto el alfarero y el resignado piensen
que la vida es una enfermedad de nacimiento,
alguien irá derramando su vida
a los pies de un rosal silvestre.

Porque antes dispusieron guirnaldas sobre nuestras
　cadenas
y nos aseguraron: «la esclavitud no existe»,
y se han colmado luego las prisiones
con los que no quisieron ser libres bajo pena de muerte.

Ahora es necesario caminar de puntillas
para no tropezar, para no herirnos
porque dentro de poco estaremos de parto.

Y entonces nos levantaremos.
¡Ah!, sí, nos levantaremos del cansancio,
cuando el entusiasmo les provoque náuseas
y la efusión sea para ellos como un vaho maloliente.

Palparemos felices la prometida abundancia del Misterio
cuando el siervo del siervo levante la cabeza
y los pobres de solemnidad
se decidan a mirar de hito en hito.

Y será –no os engaño– tres días antes
de que los hombres enmascaren a sus ídolos,
en el momento en que nos rodeen, gesticulando, los
　enmascarados.

Alzad la frente. Alcemos
la frente: aún el Misterio no ha desaparecido

y os juro que no es tarde todavía,
que nunca es tarde mientras poseamos
un pedazo de prado delante de los ojos.

DEL AMOR

Vital blancura inunda, rinde el cálido
ritmo de la pasión y sacia al fuego
fertilidad, dorando el hondo valle
sin pisadas, distinto en cada hora.

Feliz descanso a la feliz fatiga
pasos de nube presta y la mirada,
fácil ya, tanteando busca el íntimo
rincón de la mirada y se acomoda.

Avanza el ser, se adentra, se confunde
–la redonda colina conquistada
donde el tesorero duerme– y pacta júbilos

con el ser, enemigo descarnado:
el sueño abate sus oscuras palmas,
cruje la noche, tiembla, y arde el aire.

PERSEO

APARICIÓN DEL AMOR

Podría la hosca piedra
desconcertar la gracia de los lirios.
Sería como dar sed al arroyo
y contrición al tallo de la ortiga.

Las músicas que atienden a la aurora
y sostienen la gracia de su túnica
pedirían refugio ruborosas,
perdidas al azar por los jardines.

Sería como oír la voz creciente
de la pleamar en las aguamarinas,
o imaginar bajeles deslizándose
sobre la verde espuma del silencio.

No quedan ya bastantes ruiseñores
en el profundo cedro de la dicha
para tanto temblor y tanta gloria.
Solo lo inexpresable alcanza allí
su expresión, y el silencio abre sus alas
rumorosas tan solo allí, por donde
traza con fuego el astro los destinos.

Torres de luz canora se alzarían
desde la oscura sima en un hallazgo
renovado que funde y acompasa
al ciego pedernal con los arcángeles
sobre el peldaño de la madreselva.

Sería despertar la juncia, abrirse
de par en par al llanto los pinares,

exprimir contra el aire sus resinas.
Se haría el mar de nardos encendidos,
e, imperceptible, el roce de un vilano
azoraría el trino a las alondras…

Es demasiado el sol, basta un doliente
corazón como excusa para el cántico.
Pues volar a tus ramas florecidas
es encontrarse a solas para siempre.

DEFINICIÓN DEL AMOR

Ni la desfallecida crueldad del terciopelo,
ni el sándalo, ni el ópalo amarillo,
ni los rígidos pliegues de la lluvia
de julio, ni los pájaros exóticos,
ni el tierno corazón de cornalina
del niño griego, ni las primorosas
libélulas, ni la alta colgadura
de majestad que oprime los palacios,
ni el borroso país de los espejos
al acecho, ni el mar por donde rige
Fata Morgana su veloz navío,
ni el canto misterioso del azahar
que cada noche ofrece un goce nuevo,
ni la cúpula atroz de lapislázuli
bajo la cual agosto se embelesa
entre venenos, ni el espeso vino
que recargó los miembros de caricias
y hasta un cielo de púrpura enaltece
el bermejo alminar de los deseos,
ni la húmeda ribera, ni el ruïdo
de la primaveral fiesta en los prados,
ni el reflexivo aljibe, ni la rosa
de cada día, ni el gentil esmero
del petirrojo, ni la antigua luna
prendiendo lazos de moaré en los sauces,
ni el fecundo rumor de las abejas
incandescentes en su orfebrería,
ni un vespertino silbo de alcaceles,
ni maderas de olor recién cortadas...

BÚSQUEDA DE LA BELLEZA
EN EL ACTO DE AMOR

Cuando apretados cíngulos y lianas
apretadas, con dedos presurosos,
entierran incompleta la caricia,
sobre la desnudez tejiendo túnicas.

Cuando, suelto el jardín, bajo las ramas
del alarido se enrojece el oro
y los blancos rincones atraviesan
y fustigan violetas repentinos.

Cuando la enredadera suspirante
sus dientes clava, y el azahar, remoto
de su abdicada ya delicadeza,
en blanca furia al mar furioso embiste.

Cuando la oscura nieve, resumida
en las más hondas grutas, se levanta
sonora, ensordeciendo al monte con
decapitada urgencia de torrente.

Cuando crepita el yelo desbocado,
la preciosa agonía sus estambres
instaura, y pleamares absolutas
alzan su innumerable transparencia.

Cuando devora o muere ensimismada
la rosa, crece, escóndese, llamea
y violentas garzas al encuentro
de las ballestas, ávidas, descienden.

Cuando los fecundantes atanores,
reposada su música, reflejan
la opulenta ataujía del racimo,
que madura amatista al labio rinde.

Cuando ascua, pozo y pájaro de plata,
con sigilosa majestad la luna
en nombre de la luz deroga luces,
y hogueras con sus linos soñolientos.

Cuando, en carro de fuego arrebatada
la doble soledad, se desvanecen
la voz, el aire, el gesto, la manera,
la corolada gracia y el aroma,
yo te he buscado en vano, dueña mía,
única dueña, don cortante, lirio
enemigo, fugaz desmemoriada,
agua y sed mías, desamparo, albergue,
noche encendida, crimen, oh Belleza.

ELEGÍA POR LA BELLEZA

La interminable lepra de los días
granizará su frente: intacta, libre ahora
tal paloma volando entre pinares.

Muralla carcomida
por la insistencia firme del ariete
lento y seguro, se hundirá su cuerpo
y en el marmóreo fuste palpitante
se clavará la estría hasta el desgarro
y ha de silbar el junco entre la ruina.

Entonces el descenso, presentido
por las cosas, de tibia primavera
no cambiará sus manos insensibles,
ni florecerán lirios al temblor de sus dedos.

El fragor silencioso con que el tiempo
anonada lo bello y lo sumerge
en sus aguas inmóviles oscuras
ensordecerá el eco de su oído
al trino, al mar, al beso, a la palabra,
al milagroso aroma del silencio.

Un limpio alfanje trizará las mieses,
y al árbol melodioso, lanza alzada,
derrotará segur enardecida.
El efímero tacto de las nubes
se eternizara en piedra: la invisible
huella del ave, grito y bronce diese;
permaneciera la onda inconmovible;
la arena, guardadora de secretos,

y el cuerpo suyo –arena, nube, pájaro,
ola fugaz– otoño segaría.

Ya recibe la tierra –tierra solo–
aquello que fue vida, luz, ternura.
Oh Belleza, qué breve y qué lejana:
tu flor, abierta apenas con la aurora,
más de un rocío nunca, blando, besa.

Yo quisiera beberte en el instante,
saciar mi afán de paso por tus fuentes,
pero tu amable encanto leve siento
como una maldición sobre mis hombros.

Porque como un olor te pierdes, cruzas
la oscuridad, así la estrella rota,
desapareces apagadamente…
Pero en los ojos tu recuerdo brilla
y un sabor de tu sed queda en los labios.

INASIBILIDAD DE LA BELLEZA

La vida es como una
ciudad abandonada
en cuya cercanía desatase
la ruidosa fiesta su alborozo.

¿Dónde estás, oh Belleza?
Pues los amargos vamos a tu encuentro
sin esperanza alguna. Están los cálices
siempre a punto de abrirse y el helado
espíritu aparece junto al beso.

Solo la invencible
llena de inútil sombra nuestras manos.
Hechízanos la falsa profecía
y su hermosura peligrosa ofrece
bella ceniza cuando el amor muestra
su grácil cuerpo, tentadora alcándara,
que a la llama, en la noche, se abre como
del arrayán de olor los pebeteros.
Mas no vas tú a su lado, oh Deseable.
No es tu viento el que anida en la alta rama.

¿Dónde buscarte, en qué terrible cima
tu rostro de oro fluye? Pues las puertas
ha tiempo se cerraron insensibles,
salvo la más oscura
que lleva a la heredad de los amargos.

Del otro lado del encanto, oh sabia
Belleza, en tanto desmorónanse los pétalos
y el otoño desciende a las hogueras,

moras gentil en el durmiente bosque.
En el duro silencio, rodeado
de cítaras, buscamos vanamente.
Vanamente deshoja la dulzura
del arpa su canción de abril y el pánico
instrumento se alegra en nuestros dedos.
Porque, oh Belleza, tú lejana eres.

Vendimiador de espinos
cruza el amargo: un vuelo de oropéndola
engañó su mirada. Sombras, sombras.
Vamos a ti con las cansadas manos
vertidas, con los labios temblorosos,
y entre himnos de fina luz sonríes
detrás del Sol, velando tu sorpresa
única, en pie, total como la muerte.

EL SUR

Y nosotros ¿qué haremos?
Los nacidos en tierras soleadas,
donde todo es como una jadeante
pedrería, que cálida alimenta
al indomable tigre del verano.

Donde cada tiniebla es el refugio
de voraces amantes, cuyos ojos
pregonan al pasar su sed urgente,
y al río van cogidas las cinturas.

Donde el amable peso de sus alas
impide defenderse a la Belleza
de un proceloso bosque de caricias.

Los nacidos en tierra de naranjos,
entre los cuales un ciprés levanta
asombrado su espíritu, qué haremos,
si un ardiente desorden nos envuelve
e inseparable tras nosotros, roja
como una cauda, repta la indolencia.

¿Qué haremos los ungidos con el óleo
antiguo, si pisamos sobre aquello
que muerto hace crecer a las granadas
y cuya ruina de olivar quemado
aún desea besar con nuestra boca?

¿Adónde miraremos
si por doquier florece la nupcial
campánula y desnudo el cuerpo se echa

con regalo en la yerba, y la extasía
el singular color de las cantáridas;
si un sabor tiene el alba no gustado
a manzana primera y de ella muerde
también corporalmente el pensamiento?

¿Dónde está la Belleza?, me pregunto
y entre mis labios húmeda desliza
Amor su lengua y falsa su respuesta…

Nos entorna las almas el olvido
que los frutales muslos nos exigen
en su hermoso delirio y, señalados
con los salvajes besos de la noche,
nos dejamos llevar por los perfumes.

Pues si lánguida y verde adormidera
es el aire, y se enreda en sus columnas
la carnosa sazón de la mandrágora,
qué otra cosa es posible
para los que nacimos en el Sur,
sabemos el impío
secreto de las selvas y bebemos
la púrpura del sol de mediodía.

ENEMIGO ÍNTIMO

I

A veces nos miramos
y comprendemos que no hay nada como
contemplar unos ojos.
Que no hay vértigo ni
estupor semejante
a unos ojos humanos, que nos miran
y no sabemos cómo nos ven o
si es que nos ven siquiera.

Solo esta carne, que
se refugia en la noche recelando
para pensar en el cubil del sueño:
«Me alegraré mañana», y se consuela;
solo esta amarga carne
debería morir.

Cuando la miro veo tierra, una
tierra flexible y pensativa, que
se devasta a sí misma, se persigue
a sí misma, se abrasa. En ocasiones
cruzo tierras hermosas
–la belleza no es más
que aquello que podría ser eterno–,
en agosto y citadas
ya con la nieve. Sobre
la tierra nos amamos
sin mirarnos los ojos, pues en ellos
brilla la crueldad de los enigmas
que pretendemos olvidar. Los hombres
somos algo de arcilla que desea

y que un día de sol, cerca del mar,
casi tocando el mar,
se detiene, se echa
para morir, y el decorado sube.

Esto es así. Pero no ver los ojos
que, como espadas, blanden
sobre otros ojos su pasión y gritan
«tú y yo», mientras se arriesgan en el juego
en que nada es posible
y en que el amor es tierra contra tierra.

Alzo la mano, y
acaricio unos labios, su gozosa
forma de flor, la gracia de unos dedos
entrelazados: sé
que un espeso descanso los acecha
bajo la yerba. Alzo
la mano, y acaricio los frutales
pómulos, la cintura que podría
decir su nombre a las constelaciones:
sé que ha de atravesarlos el jacinto.

Esto es así. Pero no ver los ojos
húmedos y expresivos, como hechos
para mirar perpetuamente. Dicen
que, al expirar, se inundan
los grandes ojos de la corza y clavan
su asombro en quien la ha herido. Si es la vida
esto que hace llorar,
¿quién podrá persuadirse
de que los ojos nuestros, sumergidos

ávidamente unos en otros para
escapar de la tierra prometida,
deban morir del todo alguna vez?

III

Se va el amor de entre las manos con
la prisa de los ríos. Nos paramos
a mirar la corriente
maravillados, como si bebiéramos,
y va ya el agua en el recuerdo solo.
Con su ardiente desorden nos envuelve
el beso sin mañana.
Comenzó ayer apenas, hoy la aurora
sorprende a los amantes desolados.
En exilio vivimos de aquel reino,
inmediato y distante, donde es todo
claridad: no respuesta,
sino entregada ausencia de preguntas.

Quiero estar donde estuve.
Resbala deshojada en mi mejilla
la sonrisa de talco de esta hora.
Aquí el amor de hoy ha de inventarse
hoy, y mañana el de mañana.

Si los amantes detener pretenden
su candente nevada, han de morir
antes de que el oráculo
triunfe, con el sigilo
de la boca en la boca:
cuando ignoran sus brazos aún el peso
de una carne inservible.
En tanto que haya muerte, habrá esperanza.

Pero ¿morir? ¿Y qué es morir? ¿Nos queda
algo que pueda sernos arrancado

por la muerte?
                    Y así nos resistimos
buscando, sin cesar, de madrugada,
un pretexto cualquiera:
este moroso cuello,
esos ojos oscuros, aquel modo
de abandonar las manos.

¿Nuestro universo se derrumba y
no podremos morir? ¿Habrá una nueva
excusa cada día
que nos anime a respirar? Yo pido
tregua para enterrar
a mis muertos, un alba
en que golpee la luz contra unos párpados
indiferentes. Pido
morir, morir, volver, entrar de nuevo,
cerrar los ojos una tarde y ver
cómo se apaga el mundo.

X

Solo sé que volvemos.
La vida es un retorno a los confusos
centros, en donde Eurídice medita.
Malheridos venimos
de muerte, caminando
a tientas por los lentos corredores
de esta larga agonía. El amor es
una manera triste
de sofocar el grito.

La llama, el terso cielo, la fragancia
del corazón de abril son un mensaje
del seno paternal y su región
en calma. De él, andando, nos apartan
las cosas, como el pájaro
nos aparta del trino, siendo el trino
lo único que importa. Un rumor llega
de adioses de las islas desmandadas;
llueven veloces dardos desde arriba.

La noche es el camino
exclusivo del alba. Mientras dura,
se está de pie. Se muere
de pie: solo después viene el reposo.
No sé yo si la muerte, ese gran fruto
tan trabajosamente sazonado,
es la resurrección, y hay unos dedos
reales que apaciguan las heridas.
Yo no sé si la muerte,
la última puerta abierta,
dará sobre el primer jardín de rosas

incesantes… Quizás hemos perdido
ya demasiada sangre. Languidece,
desencantada, en este cuento la
princesa, y vuelve el rostro
al encanto de ayer, pues es terrible
estar a solas y
conocer el secreto.

Cuando el día se acerca me pregunto
si es posible morir. Qué lejos veo
la inicial ignorancia, la inicial
rosa. No sé: preguntádselo a un niño.
Él sabrá por qué alguien, de repente,
pone a cantar a los cañaverales;
por qué el jacinto azul es un racimo
de sonrisas; qué mente remunera
la olorosa fatiga del romero.
¿Está esto escrito allí, sobre el dintel
inmóvil? No lo sé. Nuestra ignorancia
es diferente. Yo
solo sé que volvemos.

XII

Labora el corazón en contra nuestra.
Crece una flor aquí para la muerte,
allí el amor debátese entre sueños,
sueño él también, porque es el despertar
el verdadero fin de la aventura.

La tierra se lamenta dividida
buscándose, buscándose. El amor
nada resuelve, porque
no podemos amar perfectamente
ni suficientemente. Gira el astro,
y el amor no consigue: impulsa. Toda
la tierra es una mano que suplica
otra mano.

        La muerte es el encuentro,
donde se reanuda la anterior
vigilia. Es el hogar
dispuesto y los objetos
de otros días; la hierba que una idéntica
brisa conmueve; el desembarcadero
habitual; lo siempre conocido.
Es la mano que aguarda
a las manos viajeras y mendigas.

Desdeñosa, Penélope desteje
su apasionado manto, y desde el mirador
oye hablar a noviembre. La odisea
va a terminar. Ya todo está cumplido.
La muerte es el final de la aventura.

XIII

Estoy lleno de muerte. Estamos llenos
de muerte. Mientras canta
fuera su verde cántico la vida,
la tarde expira, ahogada de presagios.
Un himno nuevo se levanta –el mismo
de ayer– con que atraer al navegante.
Se diluye Parténope, ladina,
en el susurro de las caracolas:
«Aquí es, aquí mismo, aquí coinciden
encarnación y ensueño.
El duradero cuerpo, como un arco
tenso, y el fiel amante,
que no olvida el contorno de estos hombros
ni el sabor de esta boca.
Tomad: la estrella, el árbol,
la rosa suspendidos
en el tiempo, el palacio
durmiente de los bosques: la esperanza».
Cuántas veces tuvimos el propósito
de creer, y ataviados
de príncipe, entre alisos,
despertar a la pálida señora
con el beso. Mas siempre, ay, amantes,
está a punto de término el poema
que no se podrá nunca retocar.
Dentro de mí yo siento
renovarse una historia. Miro y obro
como otros mil, que ya no miran ni obran.
Mis labios son prestados cuando os beso.
Nada puedo deciros

de lo que sé. Os veo y no os conozco.
Vivimos juntos muchos años y
no os duele mi dolor
ni podéis describirme el cielo. Somos una
cansada historia de
pobres amantes engañados por
pobres amantes engañados. Pero
el tiempo –o el poema– está acabándose.
Os busco, os hablo, me defiendo a veces
de vosotros, que me buscáis, me habláis
y os defendéis de mí.
Advirtiendo el latir de nuestra carne,
anhelantes, unidos, con los ojos
buceando en los ojos, no alcanzamos
la verdad: cada cual se expresa con
la impenetrable voz de su misterio…
Dejadme. Os dejaré. Todo el camino
que recorremos se hizo de pisadas
antiguas, y a esta hora
el aire es una brusca profecía.
Aquí es, aquí mismo,
donde somos la muerte y la callada
laguna, en que se miran los amantes
sin poder comprenderse.

XVIII

El dolor eres tú. La soledad,
sentir tu aliento al lado de mi cuello.
Hubo una vez un niño, que reía
en las plazas más claras
muy cerca de las fuentes.
Y aún antes de eso, hubo
un latido dudoso,
que fue a crecer con la delicadeza
con que inaugura el campo
un día de junio. Pero estaba el crimen
acechando, el estigma
tatuado ya en su frente.
Y después, un muchacho, en el recodo
de un sosegado río entre adelfales,
donde las horas, negras
como piedras de toque,
iban hasta los últimos veneros
y regresaban sin haber bebido.
Ahora retira de mi mente tus
jaurías. Retrocedan
los sueños procelosos.
Olvídame, esto es, dame la muerte,
pues si subsisto es porque tú me piensas
en cada aurora y
surtes de sangre nueva cada herida.

Bien sabes, Enemigo
mío, que no soy yo el ardiente crimen
que cometo. Tú has sido quien me impuso
el puñal y la mano, que no logran
rendirse a tu implacable

amor. Se han extinguido para siempre
las soleadas tardes infantiles,
en que todo es mañana,
y la promesa ensancha el todavía.
Tú eres hoy: el gusano
en el fruto, la joven primavera
frustrada, la anchurosa cima de
la soledad. Tú eres
el fracaso del grano de mostaza,
que no obtuvo de sí nidos de pájaros,
ni una maternal fronda
que cabecease al mediodía, y siente
dolor de todo el árbol
que pudo ser, encinta de tristeza,
rumiando su segunda muerte.
                          Ignoro
tu nombre, que no debe pronunciarse
y está en el aire, tal
la sonrisa del gato de Cheshire,
con los brazos abiertos,
fascinando el recuerdo y la esperanza
donde quiera que miro. Sin embargo,
no te vayas muy lejos. No rehúyo
tu nombre, acaso porque,
a estas horas del alma,
tú, mi eterno Enemigo, eres lo único
que no me ha abandonado,
y tu batalla me hace compañía,
a mí, que soy tu campo de batalla.

LA ACACIA

1

Me llamó, me llamaba.
Miré en el fuego y no se consumía.
Lo anegó el agua, y era más sencillo
que el agua.
En el aire fue aire, y en la tierra
fue a veces la sonrisa o el mudable
resplandor de los astros.
                          Rompe el amor
la seriedad de la mañana como
la piedra ahuyenta la siesta del remanso.
Abate el bosque familiar sus ramos
y, cerrados los ojos, nos tendemos
sobre la tumba... ¿Aquí acaba la búsqueda?
No nos florece el corazón, ni cambia
el color del olvido.
                          La noche prohibida
devasta el trigal, tala los frutales,
sofoca con su velo la armonía
de las constelaciones. Ya se acerca
la aurora, sorteando
por la acera los cubos de basura:
ilesa vida abajo, intacta
entre las ruinas. Duerme
el cuerpo disponible
en su tronzado lecho de Procustes.
No rozará la luz
al prometido de la muerte,
ni se contagiará la muerte de blancura...

Yo solo soy el hombre que presencia
mi vida, fijos los ojos en

el guardián del jardín.
Fueron estas las cartas
que me correspondieron en el primer reparto.
Pero alguien hay que está
viviéndome, y respira al lado mío
el aire que me sobra.
                    Vendrá un día
en que yo seré el otro
y viviré lo que ahora para él vivo.
Hoy toda dicha posible quizá sea
habitar en la estéril esperanza.

2

Ah, si la hubierais visto… Si una tarde,
sentada en la ribera, la hubierais encontrado
ajena a su vibrante mediodía
bajo la tarde, cerca de la acacia;
si a los pies del muro
encalado y los zócalos azules
os hubiese mirado de repente
a los ojos; si el soportal y el arco,
la verde lluvia, el ánfora y la yerba
indignos de ella os hubieran parecido;
si hubieseis visto el tiempo
que sorbe el corazón a las toronjas
ceñirse sin dañarla a su cintura…
Ah, si la hubierais visto,
quizá comprenderíais.

Traía el mes de mayo entre los ojos.
Iba por mayo, libre
como un olor, ligera,
desnuda como el agua, y su andar era
lo mismo que una rosa desbordante.
Iba alumbrando mirtos y gardenias;
redimía la noche con su gozo,
y solo su presencia —os lo aseguro—
aderezó un jardín que no se acaba.
Su cuerpo era salvaje como un río,
huidizo como un río, cuya fuerza
se renueva a medida que transcurre.
Qué abandono tan íntegro: nada hubo
comparable a su entrega,

pues es casi imposible que los lirios silvestres
se abandonen así por los taludes.

Confieso que en la alcoba yo le daba
flamantes nombres de pájaros exóticos,
y que ella misteriosa sonreía
como sonreiría una flor imposible.
Bien sé que al leer esto los censores
rasgarán sus opacas vestiduras;
pero quiero deciros que ella fue
un jazmín blanco en el follaje oscuro,
e innumerables sus caricias
igual que el mar, igual que las hojillas
que presta abril sin tino a los retoños,
y un sabor a esperanza le mojaba los besos
de cañaduz y menta a medianoche...

Era tan bella que quizá el amor
no se atrevió a elegirla como víctima.
Acaso ya entendáis por qué ahora estoy
ciego como los ojos de quien a nadie aguarda;
de qué cielo he caído, de qué alado
astro, y este dolor en que me pierdo.
Ya no podrán mis versos otras tardes
de orilla a orilla atravesar las aguas
inconstantes. No hay esparcidas vides
en los viñedos,
y el ruiseñor anida
en la negra enramada del silencio.
Por eso, si lo sabéis, decidme,
¿cabe bajo la tierra
un corazón enamorado?

Pues ya comprenderéis, amigos míos,
que este amor es sin duda
una historia muy triste.

5

Pálida el alma va de tanta espera
por los oteros, tanta ciega espera
que hace languidecer el césped y la herida
de labios entreabiertos.

Pálida el alma rinde
a un vacío sosiego sus deseos,
pero la unánime turba de las lomas
un nuevo afán le enciende,
y el alma sigue, vendimiando espinos.

Porque el momento es este, qué gozosos
el valle renaciente a la esperanza
y el ave azul veloz de la mañana.
Porque el instante es este de los atrevimientos,
jubilosos los aires se proclaman
mensajeros, y erige el sol dorada monarquía
entre los pinos y la baja tarde.
Denme rosas de olor con que solloce
pálida el alma ya de tanta espera.
Consumado el presagio, como un eco
larguísimo se anuncia el doble paso
de tu ternura y mi enternecimiento.
El sonoro silencio, como un trémulo
cañaveral, el índice en los labios,
impera; el ágil álamo edifica
su atención, y suspira la espadaña,
flor pensativa del arroyo;
se desnuda la brisa de armonías;
en sí medita el agua su milagro;
el sueño, consumado, y la enramada,
muda, se ofrecen... Y el amor nos llega.

Yo sé que llega el agua, nos envuelve
sin detenerse y deja
húmedos nuestros dedos y los párpados
besados de su efímera esperanza.
Sé que asume el paisaje y lo transporta
camino de la mar y sus temblores.
Sé que puedo beber
un sorbo diferente cada día.
Pero ¿podré con esto consolarme?

Tú, amor, eras el lago.
El río, irrepetible, no retorna.
Confundido me quedo en sus riberas
sin saber lo que espero ni a quién voy
si no es a ti, que estabas en la fuente,
origen tú, gota primera, amor,
padre del mar, hermano de la lluvia;
inconfundible, amor, inconfundible.

Pase de prisa lo que va de paso.
Lo que ha de morir, muera. Lo que ha
de ocultarse en la noche, que se oculte.
Tú, amor que has sido, sígueme alumbrando,
inmarchitable como el primer día
en que al mundo cuajaste de rocío.

Eres puesto que fuiste. Nada puede
destronar tu absoluta monarquía.
Sé que es fácil beber
en cada hora un sorbo diferente,
pero mi boca, amor, está sellada
por tu boca y el mundo ha terminado.

Tú fuiste el mundo: lo que me rodea
hoy es solo el recuerdo de unos ojos.
Sobre mi corazón
escribiste una fecha que no acaba.

Corran los ríos y apresúrense
a entregar en el mar mis agonías.
Yo estoy en esta orilla contemplando
cómo subes, amor, contra corriente.

6

Hoy se queman los últimos recuerdos
en un atardecer de antiguas llamas.
Voces que no entendemos nos advierten
de lo que no entendemos y nos mata
mientras la luz a su cubil retorna
póstuma y delicada.
¿Qué hacer teniendo manos todavía?
¿Esperaremos otra vez el alba,
o dejaremos que la luna venga
a llenarlas de nuevo de fantasmas?

Hoy la ciudad parece, con la lluvia,
una mano cerrada.
El ayer reverdece en la memoria
debajo de la acacia,
y el beso que nos dieron a su sombra
los labios nos abrasa.
Quién abriera paisajes
donde olvidar el alma…
Hay flores en el aire
que olvidan dar fragancia:
va envejecido mayo
y son ya todo filo las espadas.

Corazón, nos hirieron, nos hirieron.
Ya no nos queda nada
que dar, que recibir, que arrebatarnos.
Hemos oído tantas
frases de amor que ahora
se nos desploma sorda la esperanza…
Hoy se queman los últimos recuerdos
y se dicen las últimas palabras.

He aquí al hombre. He
aquí al hombre. Repito: he aquí al hombre.
No lo toquéis: padece.
Padece violencia conseguir
una mirada tan amarga como
un reino. Está sentado
en el umbral del Reino,
mendigo temeroso
desentendido de
la corona que hay sobre su frente.

«Tú, hombre, hijo de hombre,
hijo de rey, levanta
la cabeza. Quizá
sea ahora el momento de las flores».

Nos preguntamos uno a otro cuál
será la causa de los cantos y
del sol reiterativo. Nunca cesa
la sangre de llamar a nuestro pecho
ni cesamos en la terrible busca
de la sortija que tenemos puesta.

Alguien sufre. Alguien sufre, esto es, sufrimos.
Pero al Reino a que vamos no se puede
llegar sino cantando.
¿Y preguntamos cuál será la causa
de los cánticos? Solo
una canción podrá romper los hierros
de la jaula. Y entonces volaremos,
descansaremos, volaremos. Hay

un milagro que pugna por salir
de la boca del hombre: ese es su canto.

«Hijo de rey, el Rey está en la cumbre
y el Reino se parece
a la luz de tus ojos.
Solo existen el agua y la alegría.
Levántate. Levántate.
El sueño llega tarde,
pero ya para siempre».

He aquí al hombre amaneciendo, con
su delicada piel
y sus pies pensativos.
Desde el umbral del Reino mira al mundo
y florece de pronto. Se yergue entre la piara
al recordar los ruidos familiares
de la casa del padre. He aquí al hombre:
porque si esto no es cierto, nada es cierto.

8

Miró a mi corazón y dijo: «Aquí.
Aquí hay sitio bastante»,
y apaciguó el amor sus estorninos
sobre mis tristes olivares.
Ensanchó salas, avenidas,
la herida seca de los cauces:
desconocido quedó todo
por los pasillos familiares.
Qué cánticos de luz. Qué aromas claras.
Qué danza próxima y distante.
Cómo saltaba y florecía
por las enredaderas de la sangre.
Florecía. Saltaba. Florecía
de nuevo. Su sabor teñía el aire.
Alteradas, las ramas prometieron
redondear en frutos el instante.
¿Qué luna allí no hubiese concurrido?
¿Qué ruiseñor callara allí delante?

Ojos palparon, bocas acechaban.
Las roncas manos jadeantes
alzaron triunfos de jazmín
sobre los hombros del más frágil.
El tallo se olvidó lo que sabía
porque aprendió la flor lo que no sabe.
Oh, inesperado. Oh, anhelado.
Cuando es vivir más importante,
la lengua quiere gritar: «¡Vivo!».

(Cerrad los ojos y olvidadme.
No envilezcáis ni la alegría

de ayer, ni la tristeza que ahora hace
ponerse el sol. Todo es sagrado;
todo es fecundo y adorable).

Porque no brotan flores de la piedra
y en Betel vence siempre el Ángel,
tañe el amor su lira de oro
a un universo irremediable.
Mudos los labios del que sepa;
muda su voz. Que solo canten
los que en las manos tienen rosas
y siembran rosas y las pacen.
¿De qué vale la rosa imaginada
cuando hablan rosas a millares?

Yo miro manos, miro pechos,
miro relámpagos, paisajes,
nardos donde la aurora se posaba:
miré un jardín interminable.
Creció la miel que no razona
en la aridez de mis canchales.
Abrió ventanas matutinas
a relucientes pleamares…
Ya no. Ya no. Ya no encontramos
para seguir causa bastante.
Lo que ha de morir, muera; lo que ha
de pasar sin llevarnos, pase;
lo que va hacia la noche, que se oculte;
que no despierten al cadáver.
Vaya la rosa con su olor a cuestas,
el recuerdo, conmigo, y yo con nadie.

Repetiré, repetiré la dicha
que canté sonriendo, eterna, antes.
Miente la sed de quien se queda;
la verdad es de aquel que parte.
Miró a mi corazón –miraba–: «Aquí.
Aquí hay sitio bastante».
Y de un hachazo derrocó
el olivo más alto de la tarde.

VALVERDE, 20

1

Cuando miro hacia atrás veo un día de niebla,
una puerta cerrada y un cubo con espuma.
Cuando miro hacia atrás veo una mano
que cierra las magnolias,
el mes de junio con veintisiete heridas
y un alto espejo.
Nada quiero decir que tú no sepas,
que no sepan tus anchos batallones
vestidos de amarillo.
Pero un secreto manantial me inunda...

Cuando en los cines de sesión continua
se besan los amantes y conspira
con disfraz de acomodador la primavera,
miro hacia atrás y veo lo que no era posible.
Entonces la tristeza de ojos fijos
vierte por los balcones su agua sucia
y toda la calle permanece desierta,
aunque el amor, cada mañana,
desfile con su uniforme más brillante y rozado,
exhibiendo sus lentejuelas
como una tierna *troupe* de gestos repetidos.

Nada quiero decir que tú no sepas.
Pero si los timbrazos del teléfono
despiertan la esperanza
y alteran los resignados crisantemos,
si la tarde del sábado
es una pequeña plaza con árboles y sol,
te podría decir acaso tantas cosas...

«Ven ahora. Está la casa sola, yo estoy solo,
está la luna sola
sobre el Convento de las Mercedarias.
Ven ya, quien seas…
Porque miro hacia atrás y siento miedo
al pensar que quizás esté mirando
también hacia delante».

3

Ahora ya sé que no vendrás, pues marzo
pasea su vacilante noche por las plazas,
y la ropa puesta a secar es toda negra,
y una campana agujerea las horas.
Ahora ya sé que no vendrás
a sorprender el aire con flores de granado,
ni a soltar los azules enjambres de la luna.

Me duelen de esperarte el balcón y los ojos;
pero tú estás más lejos cada día,
más hecho a cada instante de música y recuerdo.
De esperarte, no sé ya ni quién eres:
un hombro, el hombro y la mano imposible,
los labios donde todo empieza y se concluye...

Te busco en los días lluviosos
por debajo de los paraguas,
apoyado en la pared bajo las marquesinas
de las tiendas de modas.
Te busco en las terrazas de los bares,
agotado y de vuelta,
con una sonrisa minúscula al acecho.
Te busco, con la piel y con la boca,
en las paradas de los autobuses
y en las salas de fiesta
por si, equivocadamente y a deshora, pasaste.
Te busco y estoy solo —solo, solo—
cuando la tarde abate sus alisos
y libera las solemnes palomas cenicientas,
frente al Convento de las Mercedarias,
cerca de los agrios tejados y de las chimeneas,

cerca de las veletas y la pena
trasnochadora. Te busco y estoy solo
cuando la primavera, de puntillas,
se yergue como una *écuyère* por las barandas,
y en el insomne pinsapo de la noche
naufragan los calientes y secretos navíos.

Te espero, pero ya no te espero,
entre Madrid desnudo y las calles desnudas.
Con el amor desnudo, estoy sin ti y te espero,
pero ya no te espero…
Cierro los ojos y te reconozco;
cierro la voz y está gimiendo;
cierro mi corazón, y siento que me mata
la enfermedad mortal de la esperanza
de la que no me acabo de morir.

ALARGABA LA MANO Y TE TOCABA

Alargaba la mano y te tocaba.
Te tocaba: rozaba tu frontera,
el suave sitio donde tú terminas,
solo míos el aire y mi ternura.
Tú moras en lugares indecibles,
indescifrable mar, lejana luz
que no puede apresarse.
Te me escapabas, de cristal y aroma,
por el aire, que entraba y que salía,
dueño de ti por dentro. Y yo quedaba fuera,
en el dintel de siempre, prisionero
de la celda exterior.
                        La libertad
hubiera sido herir tu pensamiento,
trasponer el umbral de tu mirada,
ser tú: ser tú de otra manera. Abrirte,
como una flor, la infancia, y aspirar
su esencia y devorarla. Hacer
comunes humo y piedra. Revocar
el mandato de ser. Entrar. Entrarnos
uno en el otro. Trasponer los últimos
límites. Reunirnos…

Alargaba la mano y te tocaba.
Tú mirabas la luz y la gavilla.
Eras luz y gavilla, plenitud
en ti mismo, rotundo como el mundo.
Caricias no valían, ni cuchillos,
ni cálidas mareas. Tú, allí, a solas,
sonriente, apartado, eterno tú.
Y yo, eterno, apartado, sonriente,

remitiéndome pactos inservibles,
alianzas de cera.
                    Todo estuvo
de nuestra parte, pero
cuál era nuestra parte, el punto
de coincidencia, el tacto
que pudo ser llamado solo nuestro.

Una voz, en la calle, llama y otra
le responde. Dos manos se entrelazan.
Uno en otro, los labios se acomodan;
los cuerpos se acomodan. Abril, clásico,
se abate, amparador de los encuentros.
¿Esto era amor? La soledad no sabe
qué responder: persiste, tiembla, anhela
destruirse. Impaciente
se derrama en las manos ofrecidas.
Una voz en la calle… Cuánto olor,
cuánto escenario para nada. Miro
tus ojos. *Yo* miro los ojos *tuyos*;
tú, los *míos*: ¿esto se llama amor?

Permanecemos. Sí, permanecemos
no indiferentes, pero diferentes. Somos
tú y yo: los dos, desde la orilla
de la corriente, solos, desvalidos,
la piel alzada como un muro, solos
tú y yo, sin fuerza ya, sin esperanza.
Idénticos en todo,
solo en amor distintos.
La tristeza, sedosa, nos envuelve
como una niebla: ese es el lazo único;
esa la patria en que nos encontramos.

Por fin te identifico con mis huesos
en el candor de la desesperanza.
Aquí estamos nosotros: desvaídos
los dos, borrados, más difíciles,
a punto de no ser… ¿Amor es esto?
¿Acaso amor es esta no existencia
de tanto ser? ¿Es este desvivirse
por vivir? Ya desangrado
de mí, ya inmóvil en ti, ya
alterado, el recuerdo se reanuda.
Se reanuda la inútil exigencia…
Y alargaba la mano, y te tocaba.

7

Hay noches en que al dar las cuatro
y decir alguien: «Son las cuatro
de la mañana ya. Me voy»,
el corazón se hace el desentendido
y exclama: «Son las cuatro todavía…».
Corazón digo, y es decir una polvorienta flor de trapo,
una pintada rosa de los vientos
que en repentinas tardes de verano
se echa a morir con todos sus sentidos
como si fuese rosa verdadera,
y no se sabe entonces si se queja o si canta…

Ahora, sin duda, convendría
hablar de algo muy serio a este respecto
(sea de las cansadas extrasístoles,
sea del corazón artificial
que en una gran ciudad de Norteamérica
se haya experimentado,
como si el corazón solo sirviera
para vivir cuando es así que sirve
para morir más que para otra cosa)
y convendría deducir, sin duda,
brillantes consecuencias
que aumentasen el bienestar
del país o que produjesen
una evidente mejora en la economía política,
en la estadística o en otras
profundas ciencias de las que depende,
al parecer, la felicidad toda
de esa extraña criatura

que hemos dado en llamar sencillamente humana…
Pero no puedo pensar yo más que en tus manos
que, por otra parte, bien lo sé,
no producen gran cosa,
y en la pequeña luz de tu sonrisa,
que no arreglará el mundo, por supuesto,
ni evitará las restricciones.

Porque es que hay noches en que, al dar las cuatro,
se querría decir a quienes cumplen
con suma gravedad sus deberes sociales
(con tanta gravedad que apenas pueden
perdonar la traviesa impertinencia
de que el jazmín dé buen olor, o el césped tome
en abril un color tan llamativo,
o todo el bosque tiemble con el trino
de un pájaro inservible),
se les querría decir:
«Yo aquí me quedo para siempre»,
y salir de uno mismo
y pasearse con las manos a la espalda por unos largos ojos
(sin saber siquiera si para ver de lejos usan gafas)
y adormecerse sobre un hombro
(que no es útil para nada de nada
y que no sostendría un par de kilos
por más de diez minutos).

Hay noches –repito–
en las que al dar las cuatro
se comprende muy bien que sea la vida
solo callarse de una buena vez,
con la mejilla apoyada contra otra mejilla,

y escuchar a lo lejos, entre una vaga niebla,
cómo ladran los perros a la luna de turno
y la noche hace sitio
sin esfuerzo a la aurora.

9

Cuando son una misma cosa lo que se espera y la esperanza
y comienza el anochecer del desconsuelo;
cuando apenas ha pasado la hora de la cita,
escuchamos con atención
por si lo azul, con sus pausados pasos,
golpea en los peldaños de madera.
Pero ya, sobre la primera página,
solo está la palabra de siempre,
la que tiene un sentido que nunca se adivina
cuando, al volver, corremos
a mirar si está allí.
Hay días en que llevamos un astro
enjaulado en el vientre
y la garganta es una bolsa de avaro.
Mirar esa palabra
equivale a caer de rodillas y callarse
y entrever que, no obstante estar todo perdido,
nada puede definitivamente estarlo…

El azul no subirá más esta escalera,
ni llenará de jaspeados requiebros
la minúscula alcoba en que dormimos.
Ya es hora de irse haciendo a la dura costumbre
y volverse de espaldas al espejo.
Cuando la luz no tiene casi aroma
y empiezan a gritar en la calle anuncios luminosos,
la pequeña palabra, reposada
sobre la mesa, entre la calderilla y el cenicero,
es secreta y punzante a la vez, como una aguja
extraviada en un pajar.

No viene ya lo azul, con sus oblicuos ojos,
pero el dueño de la palabra,
sentado sobre el aire,
repica las campanas del Convento de Mercedarias
y entra por el balcón a claras oleadas,
a golpes, como sangre
que mana de la boca de una herida profunda.
Y entonces se hace un vacío dentro de nuestro estómago,
como si lleváramos siglos hartos de hambre,
y nos recorre un temblor de abajo arriba
porque nos damos cuenta de que, a pesar de todo,
todo es igual que siempre,
y de que, pese a todo, acaso esté al llegar la primavera.

11

Quizá el amor es simplemente esto:
entregar una mano a otras dos manos,
olfatear una dorada nuca
y sentir que otro cuerpo nos responde en silencio.

El grito y el dolor se pierden, dejan
solo las huellas de sus negros rebaños,
y nada más nos queda este presente eterno
de renovarse entre unos brazos.

Maquina la frente tortuosos caminos
y el corazón con frecuencia se confunde
mientras las manos, en su sencillo oficio,
torpes y humildes siempre aciertan.

En medio de la noche alza su queja
el desamado, y a las estrellas mezcla
en su triste destino.
Cuando exhausto baja los ojos, ve otros ojos
que infantiles se miran en los suyos.

Quizá el amor sea simplemente eso:
el gesto de acercarse y olvidarse.
Cada uno permanece siendo él mismo,
pero hay dos cuerpos que se funden.

Qué locura querer forzar un pecho
o una boca sellada.
Cerca del ofuscado, su caricia otro pecho exige,
otros labios, su beso,
su natural deleite otra criatura.

De madrugada, junto al frío,
el insomne contempla sus inusadas manos:
piensa orgulloso que todo allí termina;
por sus sienes las lágrimas resbalan...
Y, sin embargo, el amor quizá sea solo esto:
olvidarse del llanto, dar de beber con gozo
a la boca que nos da, gozosa, su agua;
resignarse a la paz inocente del tigre;
dormirse junto a un cuerpo que se duerme.

BALADAS Y CANCIONES

AGUA ME DABAN A MÍ

Agua me daban a mí.
Me la bebí.
No sé qué cosa sentí.

A orillas del mar amargo,
por el alba de abril,
labios de arena y espuma
agua me daban a mí.

La llama contra la llama,
el clavel sobre el jazmín,
al mediodía de agosto
me la bebí.

En qué breñal se echaba
la tarde a malmorir.
Cuando se helaron las fuentes
no sé qué cosa sentí.

A PIE VAN MIS SUSPIROS

A pie van mis suspiros
camino de mi bien.
Antes de que ellos lleguen
yo llegaré.

Mi corazón con alas,
mis suspiros a pie.

Abierta ten la puerta
y abierta el alma ten.
Antes de que ellos lleguen
yo llegaré.

Mi corazón con alas,
mis suspiros a pie.

NO POR AMOR

No por amor, no por tristeza,
no por la nueva soledad:
porque he olvidado ya tus ojos
hoy tengo ganas de llorar.

Se va la vida deshaciendo
y renaciendo sin cesar:
la ola del mar que nos salpica
no sabemos si viene o va.

La mañana teje su manto
que la noche destejerá.
Al corazón nunca le importa
quién se fue, sino quién vendrá.

Tú eres mi vida y yo sabía
que eras mi vida de verdad,
pero te fuiste y estoy vivo
y todo empieza una vez más.

Cuando llegaste estaba escrito
entre tus ojos el final.
Hoy he olvidado ya tus ojos
y tengo ganas de llorar.

4

La niña que amores ha
sola, ¿cómo dormirá?

Marqués de Santillana

¿Qué romeros pisará,
qué tomillos, qué cantuesos,
si está apartada y sin besos
la niña que amores ha?
En cada noche quizá
salga a correr los alcores,
porque, si pena de amores,
¿sola cómo dormirá?

Bajo la gentil floresta
al amado va buscando
y va la noche dejando
morir su voz sin respuesta.
Y como amor alas presta
al pie de sus afligidos,
por escala de gemidos
sube la niña su cuesta.

¡Qué triste la serranilla
quebrando vidrio en fontanas!
¡Cómo alarga las mañanas
el sol de su pesadilla!
Tierno corazón de arcilla,
cautiva y dulce amapola,
¿qué niña ha de poder sola
dormir sobre esta parrilla?

8

Yo quise ser el lápiz
que mordías al escribir
y el sillón en que te sentabas
y la luz que te envolvía suavemente.
Yo quise ser tu voz y tu garganta,
y quise ser yo mismo dentro de ti
como una almendra que te hubieras comido...

Mientras te amé, creí que era tu esclavo.
Y, sin embargo, nunca he sido tan libre.
Porque entonces solo tenía un dueño:
absoluto, pero único,
y era mi amo para mí el mundo entero.
Ahora tengo miles de dueños,
y no soy de ninguno, y estoy solo.

10

Qué dolor de la verde grama,
qué dolor,
si no la seca el amor.

El claro amor me llama,
pasados los caminos,
bajo los altos pinos,
sobre la verde grama.
Hasta el zarzal se acama
cuando me ve contigo,
el cardo se hace amigo,
la ortiga se amadama.

Qué dolor de la verde grama,
qué dolor,
si no la seca el amor.

La noche se derrama
caliente por tu pecho;
sediento y al acecho,
su oscuro ciervo brama.
El agua te reclama,
mi corazón te ciñe:
un dejo de azul tiñe
el monte y lo embalsama.

Qué dolor de la verde grama,
qué dolor,
si no la seca el amor.

Antes de que esta llama
el otoño destrence,
llega el amor y vence
al lado de quien ama.
Tú, la cuajada rama;
mi corazón, la piña:
racimo de tu viña,
olor de tu retama.

Qué dolor de la verde grama,
qué dolor,
si no la seca el amor.

12

Estando ya mi casa sosegada,
tu amor fue como un ruido:
el ruido que, imprevisto, enajena al durmiente
y lo lleva a soñar con verdes campos.

Ahora, ya bien despierto,
recupero —más pobres— las cosas cotidianas.
Nada ha cambiado, todo está en su sitio,
y un largo día espera: el mismo día
de todos estos años.

Indiferente, el tiempo
volverá a deslizarse hacia la noche,
en silencio igual que antes.
Tu amor fue solo un ruido pasajero
en medio de la casa sosegada.
Mi corazón habría preferido
no regresar del sueño.

LA DESHORA

1

¿Y qué habré de decir para que entiendan
los nardos que ya todo ha concluïdo?
¿Qué palabra podría convencerlos
de que no es tu llegada lo que aguardo?
Se abren las luces nuevas y murmuro:
«Hoy no diré su nombre.
Estoy en el pasado. Hay que partir
a buscar pastos nuevos». Pero el alma,
enferma y distraída, no me sigue
y se queda extasiada en tus praderas.

¿Qué puedo yo contra esta voluntad
de estarme con tu olor y tu recuerdo?
¿Cuenta acaso mañana para quien
vivió hasta ayer su tierra prometida?

En la llanura no aparece el nuevo
pastor imperativo
y hacia el anochecer, indestructibles,
manejo pruebas de papel y seda.
Cerca pasan el agua y la sonrisa:
el pasado es lo único que anhelo.
«Esta sangre –me digo–
debiera ser de piedra»,
mas sé que he de olvidar lo inolvidable:
llegarán otras manos y otra boca,
otra cintura borrará la tuya.
Pero hoy debo decir a los amantes
que, donde quiera que tú estés, te amo.

3

Puede a veces un nombre
completar un paisaje. Casi nada,
unas letras tan solo,
y puede, sin embargo, dar sentido
a una tarde que va
bogando a la deriva.

Pero ¿qué
nos importan los nombres? Ahora estamos
en esa hora terrible en la que cuentan
las manos y la piel. Ya no podemos
sentir por vez primera. La libélula
vibra, no obstante, apenas sobre el agua.
(«¿Hay un árbol sin nombre? ¿Existe el árbol
sin nombre todavía?»). Cuánta vida
hemos andado para al fin llegar
a esto. Nos volvemos
y hay dos jóvenes bocas que se acosan
debajo de la encina, en abril, cuando
son tiernas las estrellas.
¿Verdaderamente es ser lo que importa
o importa más llamarse?

Hemos perdido
el nombre que tuvimos y llenaba
el mundo. Ese nombre que nos dieron
aquellos labios y éramos nosotros.
Únicamente en las ajenas voces
comprendemos cuál es el nombre nuestro,
y en las manos ajenas
la suavidad de nuestras propias manos.

Se nos cansa el deseo y la memoria.
La piel se espesa y no permite el dulce
bienestar: desconfía,
se sabe de memoria las respuestas.

¿Qué queda, pues? Tendemos las miradas
como un puente y no hay río que cruzar.
En la altamar estamos:
de nada sirve andarse por las ramas;
ya no hay árbol sin nombre. La esperanza
recita su papel
distraída como una prostituta.
(Y es cierto, sin embargo, que podría
un nombre, de repente,
completar un paisaje).

                    La aventura
se despereza, cada amanecer,
como un ruido de esquilas en el campo.
Nuestros oídos no la escuchan. Piensan
que es mejor amarrarse
al mástil de su barco. Ese país
hacia el que vamos es
una pequeña isla, y reinaremos
en nuestra isla a oscuras y seguros.
Lejos de todo. Lejos de nosotros,
que somos nada más
el nombre que nos daban y este viaje.

Qué inservible reinado
el de cortar los arrayanes
sin pensar en un nombre. Abandonadas
las cinturas, pasean olvidados

de sí los que se aman; nada tienen
sino su nombre.

Es hora
de cerrar las ventanas y de echarse
a llorar sobre aquellos
que fuimos. Hora de
aprender ya que el corazón es solo
un pájaro que llama y que responde.

CREÁBAMOS RECUERDOS

Creábamos recuerdos.
Por entre las almenas
retornaba el candor del primer beso,
allí donde el narciso y la violeta
erigen sus fulgores perfumados.

(Hablaron de una isla azul y blanca,
donde al atardecer
se desprenden las flores del almendro.
Una apartada isla
donde el amor perdura).

Defendíamos, llenos
de ardor, nuestro tesoro,
de cuyo lado el corazón se inclina.
Creábamos recuerdos de la mano
del corazón. Teníamos derecho
a unas palabras de misericordia.

(También en esa isla el aire embate
los álamos; también en esa isla
la noche abunda y es
difícil el amor).

Con simultáneos ojos, sobre piedras,
una ciudad que baja contemplábamos
a beber en un río. Nuestras eran
sus antiguas murallas, nuestros sus
campanarios y cruces. Nos mirábamos
y el mundo se había hecho
para nosotros solo.

Era febrero.
Nuestro primer almendro florecía.
Dos cigüeñas cruzaron por el aire
cándidamente, y en nuestros bolsillos
fueron impares las monedas: suerte…
¿Qué es lo que has hecho, alma, de tus ruinas?
¿Querías que el almendro, renovada
joya, fuera eterno como ellas?

Y es que el hombre se duerme
al sol y se despierta
en mitad de la lluvia:
solo viene el amor para decir
que no puede quedarse.
¿Creábamos recuerdos? Alma, dime:
¿eres tú alguna cosa
además del recuerdo?
Para morir nos basta
inclinar la cabeza.
O quizá hayamos muerto alguna tarde,
dentro de aquella isla
donde, al atardecer,
se deshojan las flores del almendro,
en la alta y misteriosa
ciudad, cerca de un río.
Y esto de ahora sea
solo aquellos recuerdos que creábamos.

¿Podré decir: «Dame tu mano», un día?
¿Podré decir: «Todo está bien, por fin
todo está bien», un día?
Noche tras noche te he esperado
en desprovistos cuartos de ciudades
circundadas por ríos,
con la mirada sigilosa
fija en el techo y una dura mano
de soledad asida a la garganta.

Te esperé, amor, en plazas recorridas
por opulentos mediodías, mientras
se inundaban de ti los soportales
y, descalzo en la piedra, tú cruzabas
sin mirarme siquiera.

Me apoyaba en columnas protectoras
para esperarte. Me apoyé en antiguas
almenas, para verte
llegar desde más lejos.
Me apoyé sobre arenas soleadas,
por si era acaso el mar quien te traía.
Acaricié mejillas falsas, falsos
labios en flor, que se desmoronaban
cuando el botón apenas se entreabría.

Y hoy, en una ciudad
desconocida, en una transitoria
habitación, de nuevo te pregunto
si te podré decir:
«Dame la mano», un día.

Entre unas sábanas extrañas, entre
una tristeza demasiado grande
para una sola vida, escucha, escucha,
después de pasear sin compañía
por la orilla de un lago –tú comprendes–
quiero saber si yo tendré derecho
a decir una vez: «He aquí que llega,
finalmente, mi parte de alegría».

Porque si no, responde:
¿para qué tantos lagos y secretas
estancias, para qué tantas ciudades
circundadas por ríos? Si no, amor,
¿para qué tanto abril y tanta vida,
tanta pasión sin fruto y sin respuesta?

9

Al principio es un suave pensamiento.
Alguien pasa y decimos: «Es posible
coger la luna con la mano». Luego
intentamos en vano recordar
un caracol marino, cuyo nácar
tuvo el mismo color de la alegría.

«Es posible –dijimos–
coger la luna con la mano». Porque
al principio todo es
un suave pensamiento.
Solo más tarde, cuando
se quiebre en dos el día luminoso,
y se incendie el henar
de oro, y la mañana
vaya, dando un rodeo, hacia los montes,
se inflamarán los cedros
y se enrojecerán los lirios blancos.

Arderá toda nieve.
Al mediodía, cuando las fogatas
en los ojos pronuncien su rebelde
secreto. Por los cándidos ejidos
hay una voluntad que se dirige
hacia la baja tarde, en el camino
del agua que no acaba. ¿Dónde están,
dónde fueron los suaves pensamientos?
Ardor, ardor, ardor cerca del agua.

Desnudo de misterio
debe alejarse quien

ocultaba su nombre,
bordada la paloma
aún sobre su pecho. El cisne aguarda
varado entre los juncos. Elsa, fría,
ve partir a quien va
en busca de inocencia.
Antes no supo un nombre,
ni una raza ni un pueblo;
ahora queda a la orilla
del ardor. Se va el mundo.
Entre sus manos, sola,
queda la fruta del conocimiento
de igual color que la tristeza. Lenta
la noche invade el valle.
Todavía un aroma está presente:
he ahí su castigo.

Después de la caricia,
el barro se nos queda entre los dedos
como a algún alfarero distraído
que todo el día hubiera trabajado
pensando en el reposo.
«Quizá amanezca nuevamente», dice
una apagada voz en la desierta
deshora. Pero estamos
seguros de que no amanecerá.

Y no hay más. Eso es todo: alguien que pasa
y un suave pensamiento.

10

Aún queda el sol. Aún hay
cuerpos que, enardecidos, mezclan
sus morenas riquezas.
Aún el verano, vigilante, impone
su monarquía y un olor ileso
en la tarde difunde la memoria
del abrazo y el júbilo.

Alguien dijo: «Paisaje no hay que sea
como un cuerpo. El mar, la flor, el árbol
nunca son más hermosos
que un cuerpo, terso y joven, desplegándose
en busca de caricias.
Desde la tierra, sí, bajo la tierra
viene el reposo; pero
no hay paisaje que pueda compararse
a un cuerpo que descansa y nos sonríe
tendido al sol, desnudo como un cántico,
encima de la tierra».

Aún vibra el sol. Pero han cargado al sueño
de cadenas. Rendida, la esperanza
ha cerrado los ojos.
Ya nunca, no, ya nunca. Habrá fuego en los párpados
que el beso postra y calma;
en otras manos vírgenes
madurarán caricias; será todo
como antes; como siempre seguirá
la vida su furiosa
carrera, sí, habrá luz en los párpados,
perseguirán los labios otros labios

de sonrisa en sonrisa… Pero nunca,
no, nunca más seremos los que fuimos.

Cuántas palabras
para llegar por fin a este silencio.
Para llegar a esta quietud de ahora
cuántos gestos baldíos.
Qué amargo es el consuelo
de sentirse seguro con las manos vacías.
No habrá pérdidas nuevas:
ya se ha perdido todo
menos esta fatiga
de ser tan solo nuestros.

¿Y dónde está la muerte?
¿Nos está prohibido morir? Sí, nos está
prohibido, porque la muerte es cosa
de la vida y nosotros,
alma, agotada mía,
nosotros no vivimos.

14

Cuando el amor, ese desesperado
afán de no estar solo,
tiñe de azul mi corazón,
y se acercan a mí
todas las criaturas de su mano,
de repente me asalta
una imprevista furia por seguir
siendo yo solamente, pobre y frío
yo, en mi desmantelada
guarida, que ni para ser
sepulcro sirve, pero es mía.
No quiero mirar nada
a través de otros ojos,
ni dormitar sobre la dúctil gracia
de una cintura o una mano,
del arco de unos labios o unas cejas.
Quiero ser yo, ser mío, ser mi dueño
y mi esclavo, morir en mi tiniebla.
Que muera en mi tiniebla
todo aquello que pudo ser mi hijo,
sangre mía, mi casta, regusto de mi boca.
Que cada amanecer en sí mismo se cierre,
sin verter su palabra al oído de un cómplice.

DESDÉMONA

Será preciso hacerse a la costumbre
de olvidar: de morir.
Tú has de dormirte para siempre,
ahogada por el último
largo beso de amor,
en la mano la ensangrentada llave de la sala
donde están los despojos.
Has de dormir, pero no sabes
que eres tú a quien yo hablo,
a ti, que lees este poema y dices:
«Era un poeta triste. ¿Quién sería su amada?».
En adelante nadie averiguará
el color de tus ojos
ni tu habitual manera
de entrelazar los dedos.
Nadie podrá saber el melodioso
sonido de tu nombre…

Ahora debes dormir
tú, que vienes vestida,
solo de muerte y hundes a la muerte,
que haces reverdecer y vivir a la muerte;
tú, que eres solo vida,
la única vida… Duerme.

¿Dormiré yo también?
Porque un sueño me oprime
los decaídos párpados
y quiero ya morir también ahogado
por el beso de amor.
Muere tú estrangulada

con este blanco lino
de la contradicción,
para que pueda yo morir
y descansar, si ello es posible,
sin tu nombre, tus manos, tu agonía
ni el color de tus ojos.

16

Canto y me alegro. Miro
la calle atardecida
y los jardines de oro
al paso de noviembre.
La luz, desorientada,
resbala por la acera como una lagartija.
Pero canto y me alegro, porque anoche
aún me aquejaban lástimas de amor
sin saber bien por qué.

Canto y me alegro. Hay días
que debieran prenderse como bosques de pinos
para evitar que nos aproximáramos.
Porque de pronto, una mañana, abres
los ojos y lo encuentras todo ardiente
y queman las caricias.
Por eso canto hoy
y por eso me alegro.
Porque estos labios han de ser ceniza
y encima de este pecho
ninguna frente más
habrá de reclinarse.

Canto y me alegro. No quiero mentirme:
todo lo que poseo
está al alcance de mi mano ahora.
Si no lo tomo y sufro,
es porque el sufrimiento me embellece
esta tarde de otoño en la que vivo.
Por eso cantaré mañana todavía,
y pasado mañana

mi voz será aquel hueco de silencio
que se hace de repente
en la conversación de dos amantes.

Canto y me alegro y esa es la razón
de mi júbilo. Pueden
herirme, desgarrarme espadas, zarpas,
taladrarme la sed de parte a parte:
pronto la muerte me impondrá sus manos,
me nombrará su hijo predilecto
y ya no ha de quedar de cuanto he sido
más que un poco de frío y este canto.

17

Es un dolor ocioso
el que hoy la torre asalta y desmorona.
Caben muchas palabras todavía;
razones no cabe ni una sola.
Tiendo los dedos y, por las esquinas,
quiero alcanzar la rosa.
No está. No está. No está. Se escabulleron
juntos mi sueño y quien lo nombra.
La tierra lleva lejos los suspiros:
no es una amante silenciosa.
He heredado alhelíes; he tenido
la eternidad de la magnolia;
la levantada cala fue un mensaje
equivocado de la aurora.
Me extravié por sus olores;
cambié la flor por el aroma.
No hay nuevas luces ya, la que buscaba
era un amanecer de luto y sombra:
una luz que no existe
ni siquiera detrás de la congoja.
Busqué una boca solo,
hoy me muerden los dientes de cien bocas.
Sentí una sed de nieve
contra la sangre y contra
la carne: la he perdido, me he perdido...
Un niño, quedo, a mis espaldas llora.
¿Soy yo quien dijo: «Encontraré una tarde
la flor reparadora,
una flor que gobierne mi esperanza,
humilde e imperiosa»?
En mi frente presiento manos

que indiferentes ya casi me tocan,
que me disipan ya casi el difícil
calor de las palomas.
Despertar, despertar, eso era todo.
El sueño nunca se recobra.
Un gran dolor, mío y de muchos,
árido y yerto me corona.
Desconsolada lluvia cae
sobre unas huellas y las borra.
Creí en florestas increíbles
que en primavera se deshojan.
Ya no sé el nombre de quien hablo
ni para quién cantó la alondra.
Me falta el día y su promesa,
el corazón todo me sobra.
Hablé de bosques compartidos,
hablé de llagas triunfadoras,
hablé del ángel, de la verde
vida, de las ortigas generosas…
Por decir cosas indecibles
me dejé sin decir las otras.
Hoy enmudezco. Hoy enmudezco.
Hoy sobreviene la deshora:
hoy ni la vida es compañera
ni la muerte, liberadora.

MEDITACIÓN EN QUERONEA

1

Aquí está lo que sobra:
una dulce carroña para buitres
en medio de este campo.
Pero el sol de oro vibra.
Las alas del insecto,
el olivar, el párpado
del vencedor... ¿Nada cambió la lucha?
Vibran, con la calina,
la luz, la sangre no apagada,
el monte que se aleja, el silencio
sobrevenido. Es
mediodía y los héroes...
Se duermen los amantes enlazados
blancos de tanto amar.
¿Dónde está el vencedor, que no aparece,
que no asiste a la ávida faena
de la recolección?
¿Dónde está el seco párpado
que ve solo cadáveres?
Entre todos, trescientos, desarmados,
de dos en dos. (*¿Qué cuerpo*
abraza a qué otro cuerpo?)
De dos en dos, vencidos. Esto queda.
¿Dónde está el vencedor?

Para voracidad
de buitres, preparada
desde el principio estuvo esta llanura.
Para voracidad
del buitre y de la hormiga.
Todo está bien. ¿Quién compartió la patria,

la herida, la derrota,
la gloria, el buitre? ¿Quién comparte
el estío, los vanos
honores militares *(la gloria)*, la mirada,
el talle esbelto, el tiempo *(la derrota)*?
¿Quién puede compartir más que la muerte
con el cuerpo que ama?

Vivir no es necesario:
la saeta o la espada
atan más que el deseo carne a carne.
Todo a mi alrededor es solo vida.
¿Dónde está el vencedor?

Por esta sangre alegre, compañera
que la colina sorbe, largo es el mediodía.
Por esta jubilosa mortandad
que no ha dejado labios que la canten,
largo es el mediodía.
Por esta plenitud que, desdeñosa,
vuelve el rostro al olvido,
largo es el mediodía.
Estos fueron los héroes sin duda.
Es hermoso ser hombre en Queronea:
alimento de buitres.

2

Venías de un país
en donde es la belleza
aire que hace vivir.
Hoy ya no tienes nombre.
(¿Es que ha pasado el tiempo?)
Lo oíste una mañana
de sol, igual que esta, y sonriente
lo aprendiste. Marchabas distraído
de todo lo que no fuera un reflejo
de ti mismo. Y lo oíste. Y te detuvo.
Y las sílabas fueron poderosas.
(Es porque el amor llega
como un severo gozo.
No es el fuego, sino
la luz; no la proeza:
el duradero impulso.)

Tu nombre es ahora *víctima*.
Descansa, ya has llegado.
Inmortal te retienen
los brazos de quien te ama, y tú retienes
inmortal a quien te ama:
aquel gesto inicial se ha hecho de piedra.
Tan solo las estatuas
pueden seguir sonriendo para siempre.
Los dos habéis vencido,
¿dónde está el vencedor?

La lenta tarde que
envuelve a los olivos os conduce
dichosa, vigilante,

a la noche de bodas…
¿Qué importan ya los nombres?
Os llamarán… *(No tardará el rocío*
que enjugue las palabras.)
Los hombres no preservan,
ausentes de sí mismos, a los dioses.
Pero la tierra os ha reconocido,
porque os reconocisteis
antes en unos ojos.
Aquí acaba el progreso
del corazón: su límite
era ser devorado. Dime, amigo,
más hombre cuanto más
amado, ¿te vencieron
tan solo con matarte?;
más hombre cuanto más
amante, ¿te vencieron
los que iban desprovistos
del escudo invencible? *(No, los héroes…)*
Te han ofrecido muerte a la medida
de la habitual belleza.
Nada es ya aquí verdad sino lo horrible.

El vino que bebíais,
entre la vehemencia y la ternura,
empapa estas orillas.
Dejad al cuerpo que os redima: hoy
testimonio no da más que la sangre.
Todo lo natural es inocente.
(El corazón…) Aquí solo hay un crimen.
Por lo demás, silencio:
que comprendan los hombres.

5

Nada sucede en balde.
Por esta sangre cantará
toda mota de polvo, todo cielo.
Piedras, brezos, encinas
dejarán su aparente
silencio… ¿Es vano acaso
morir? Un barco negro
se pierde por el mar,
¿y eso es la muerte?

Nada sucede, sino
que canta un grillo apenas a lo lejos,
y algunas hojas, pocas,
se desprenden y un buen
vino se bebe, a veces,
en una plaza diminuta
sin faroles. Se hincha el calor a oleadas,
desborda como un río
los diques del invierno
(*¿qué es el dolor o cuándo viene?*), y corre,
llueve desde lo alto, y crece y surge
desde la tierra, nos arropa
con el vaho cariñoso de un animal doméstico
(*es el acero solo el que da frío*):
tenaz, espeso, quieto, para siempre.

Nada sucede. ¿Se ha
agotado el futuro en esta noche?
El trigal, tembloroso de deseo,
aguarda así las hoces. Mueren solo
los que amaron la vida: el arduo símbolo,

el misterioso polen, la ciudad escarpada...
A esos que viven, delicadamente
una sonrisa significativa
los empuja a la historia.

¿Nada sucede? La abundante noche
anega el campo de batalla. *(¿De*
qué batalla?) El camino
nunca es de vuelta. Vamos adelante,
recoged el botín:
las manos enlazadas, la impasible
serenidad, ese enfriado gesto
también, toda la herencia. No es posible
dejar para mañana la vida, contar hoy
los cadáveres. Nada
sucede...
                    Algo, al menos, hay
que no sucede en vano: cuánto
florece esta llanura, qué altos tallos,
qué apasionada trama en el olivo.
No era estéril morir.
                              La luz conoce
su itinerario. Somos hoy
aquellos y seremos otros después.
Salvados, juntos, ciegos,
contra el pecho el botín,
bajo el ala del buitre,
siempre expuestos
al aciago mordisco de la hormiga.

6

¿Es ahora? ¿Fue aquí?
En mi país, de hiriente
cal, como un mármol diario,
y zócalos azules,
el beso es una oliva
menuda. Allí, entre los naranjos,
aproximan los cuerpos
su bronce caprichoso.
En maderas de olor
tallamos nuestros ídolos
y el fervor del jazmín
sucede a la ternura y la prolonga.
Allí, contra los muros
blancos de la indolencia,
se adormece la tarde.
(Sobre los restos de esta tarde, ¿están
presentes vuestros restos?
¿Sirve el recuerdo acaso
para la vida?)
Beso tras beso, allí dilapidamos
la vida. Vosotros, detenidos
en la ecuánime dicha, os bienamáis
ya sin vicisitud y sin mudanza.
Mientras, atronador,
ecuestre, soñoliento, el tiempo pasa.
Nunca fuisteis tan ciertos como ahora.
(¿Y el vencedor? ¿Por qué no llega?)

Pudo acaso una boca
decirme la verdad
en mi país, de iluminado

aire y de verdes ríos, verdes y dorados.
Una boca infantil, casi morada
en la penumbra, casi...
¿De qué sirve el recuerdo? Yo he buscado.
Un soplo puro mueve
los olivos, me seca
los ojos. Ya no hay rastros
de sangre. La llanura se ha olvidado
de vosotros, de mí, de los que quedan
por llegar. Cada uno
debe buscarse bajo
estas piedras, entre alacranes.
Lavar en estas aguas su memoria.
                              No hay nadie.
No pensasteis en mí mientras moríais:
quizá he sido engañado.
En este mediodía
aún no habéis muerto. Puede
comenzar la batalla
recrudecida. El campo
está trazado. Con la punta
del pie remuevo ahora
unos guijarros. Miro
un lejano país
de cobre, unos lejanos
ojos. Miro la yerba ya crecida
otra vez, el camino
del mar, el mundo, mis dos manos.
Miro una lenta araña...
No pensasteis en mí.
No estáis. No habéis venido.
¿De qué sirve el recuerdo?

7

La música sin nombre
salta en añicos entre la penumbra.
Todo se altera. El humo
amortigua el hastío.
Las bocas, distraídas,
dejan el cigarrillo por el beso.
Una sombra jugó
con pañuelos y naipes y milagros
confusamente, como
si contase una vida. No entendemos.
¿Estáis aquí vosotros?

(Fuera, la noche crece.
Limpia entre las estrellas.
¿Cómo puede una mano
llevar alcohol adonde
llevábamos el beso?
«Puestos de espaldas, reconoceríamos
a aquel primer amor
entre todos», dijimos. Era falso:
los ángeles se cansan, por ahora,
también.)

Esta música de
todos no es ya de nadie.
Melenas, faldas giran
airadamente.
«Dulce es amar, pero más dulce
morir con quien se ama»,
dice la letra. O no lo dice.
«Esto es lo milagroso

de la vida: que cesa». No lo dice.
Todo es un poco de melancolía.
(Fuera crece la noche.)
En la vertiginosa
música, giran faldas
multicolores. ¿Girarán
sonoras las estrellas?
Salgo –¿salgo?–
hacia la posibilidad.
Como se cruza un bosque.

(Nada queda de nada.
Moristeis y estáis muertos.
Yo vivo. Yo os recuerdo. Yo acaricio
con un dedo mis dos labios de carne.
Los vuestros son el musgo.)

Cenizas de la música
manchan la madrugada.
Una fragancia, fresca, me recibe.
Esta es la cita. Alzo
los dedos y acaricio
otros labios. Aquí crece la noche
mortal, el musgo, la quimera. Alzo los ojos.
No; no alzo los ojos.
Tan solo canto porque tengo miedo
en lo oscuro.
Una noche como esta o esta noche,
en un jardín de dios,
os confundisteis uno en otro
sin recordarme a mí,
que vivo y os recuerdo.

¿Es dulce amar? ¿Es dulce
quejarse? Omnipotente y dócil
iba el amor en busca de sí mismo.
*(El amor muere en medio de
lo maravilloso.)*
¿En busca de qué voy
yo? Retorno. Retorno.
Yo retorno a mí mismo
y me estáis aguardando.

8

En Verona a una breve tumba
se abre un portal de ramos
azules. ¿Puede así
la destrucción ser abolida?

Lo que una vez sucede,
sucede cada día. En medio de este
jardín exterminado,
se alza la flor viril.
No cerca, sino dentro
de la muerte la flor. Haced memoria.
La veo levantarse...

Los recién desposados,
acabada la fiesta,
se miran largamente
pálidos ya de unidos. Eso es todo.
Por un momento son
toda su soleada
niñez, su adolescencia
llena de luna. Para
llegar aquí y mirarse
y tenderse las manos
ansiosos, como si
nunca hubiesen asido
cosa alguna, vivieron.
El minucioso hado
reduce a una pupila sus ovillos.
Esbelto, el mensajero
repartiendo sus flores
se aleja por la muerte.

«Hijo de mayo, ven,
aléjate, coloreando el mundo».
Ya encontró la mirada
su rescate. Ya pudo
la destrucción vencerse.

Ruinas de bronce he visto
entre arrayanes, próximas
al laurel. El misterio
siempre es sencillo:
por las renovaciones, la flor ensimismada.
Ruinas de bronce… El vencedor,
con ala tenebrosa,
se cierne y pasa. Solo
el aire, el repetido
polen, perdura.

                    En tanto,
las colinas meditan nuestros nombres
y los nombres que amamos. Huesos hay
que abonaron la tierra.
Lo que sucedió entonces
sucede todavía. En el lugar
que ordenaron los héroes caedizos,
aquellos que se amaron,
acabada la fiesta o la batalla,
se miran victoriosos.

Las preguntas oscuras
una flor las responde.
El momento y la flor
aquí son infinitos.

11

Es primavera ahora. Había sido
primavera… En medio del verano,
un muchacho, un hijo de rey gritó la orden:
será llamado Grande.

Fulge el ala derecha. Fulge el río.
El calor ensordece sus tambores
diáfanos. Se miran con ternura
los guerreros. De la mano caminan
al combate: para esto fueron hechos.
Y comienza la fría ceremonia.
Morir, pero no solo.
«Hasta pronto», se dicen:
la mirada no muere.
                              La serena
fatalidad pasea entre hierros, murmura
«aquí» sobre una frente, una garganta, un pecho.
Sin vacilar, el hijo de un rey gritó la orden:
será llamado Grande…
                              Ya lo ha sido.
Otra vez hoy es primavera, o la misma quizá.
Que al menguado le mojen las lágrimas el rostro.
Bajo el firme león, omnipotente
un pedestal de huesos
habla a varones que no lloran.
Aquí está la reliquia irresistible.
No os quemarán. No os queman. No os quemaron.
Sois sagrados, amantes.
Solo la tierra puede con vuestro doble cuerpo.
Ni siquiera la espalda de los dioses…
Hijo de rey, desnuda sus cadáveres. Mira

lo que queda del sueño,
de la aciaga fruición, de la grandeza,
del ardor inmortal: transcurre un río…

Para apartar lo oscuro no valdrán
semillas de peonía, avellanas de oro,
nocturnas higas de azabache, cuernos
de coral mudo, manos de tejón…
Con velas negras vuelve el victorioso.
Todo está escrito. El ciego se apresura
de regreso a la Esfinge. Lava
sus manos: no hay
detersorio que limpie ciertas sombras.
Brilló el ala derecha.
No hay alumbre que aclare las aguas del Cefiso.
Brilló el agua…

Otra vez hoy es primavera,
o la misma quizá.
Un rumor de armas múltiples
remueve los cipreses.
Pronto el verano emprenderá otra siega…

14

Exhala cada amor su propia música.
¿Cantaré al despertarme otra mañana?
Quizá la lluvia inunde
la tierra y yo la oiga
otra vez, o quizá el sol y yo lo vea.
Inalterable, el aire
continuará inquietando las adelfas.
«Todo es igual que antes de la batalla».
Yo sabré que no he muerto
porque un sabor a sangre habrá en mi boca
y una cicatriz nueva
roseará mi pecho.
Veré huir las colinas
y no diré ya el nombre que decía.
La luz convaleciente
resbalará sobre aquel río
que explicaba mi vida.
Acataré las leyes que disfrazan
la verdad con la que no es posible
convivir. Veré la soledad no compartida
y el mundo innecesario,
y me preguntaré por qué no he muerto,
qué es lo que tanto me ha dolido,
qué canción he olvidado...

El cielo no responde a estas cuestiones.
Recuerdo –me diré– unos ojos
vagos como un perfume. ¿Son mis ojos?
Sí, fueron míos, pero no lo son más.
A través de ellos me miraba el mundo
y hoy el mundo está ciego.

¿Esto es, por fin, la paz?
Un arcángel sombrío
luchó conmigo, me parece,
hasta el alba en Betel.
¿O no se lucha allí, sino que se proclama
la hermosura enemiga?

No cogía las flores,
no temía las fieras.
Un avellano solo y una fuente
tuve, donde los dioses me envidiaron…
Y ahora estoy cojo en Queronea.
¿A quién espero ya, y por qué no anochece?
Alguien y yo tuvimos
en común solo un cuerpo.

¿Despertaré cantando otra mañana?
Hoy he bajado al mar, pero no había.
Todo era azul menos mi corazón.
No es esta la mañana, no es esta la mañana.
Al despertar, me dije todavía:
«Arriba, corazón, y ponte triste».

15

De dos en dos
vinisteis por abril bajo los álamos,
a las terrazas de los bares.
Y nosotros estábamos mirando las montañas...
Descuidados y al margen,
convencidos de que el amor no volvería,
sorbíamos la luz de la mañana
con las ajenas manos
sobre la mesa, al lado de las nuestras.
Contemplábamos
el vaivén de los niños, los colores,
las ramas ya cargadas... Y vinisteis.
Solo en el sueño puede verse
tan claro.
             Habituales e insólitos,
con los ojos transidos de recados,
os sentasteis junto a nosotros
para enseñarnos el amor,
la convivencia, el bien, la paz recuperada,
el alto y poderoso sol de todos...

A cuatro manos
se toca la más dulce sinfonía:
su nombre solo el mar
es capaz de decirlo.
Había mucha sangre
por las calles del corazón
y blancos paños la secaban. Era
como si enero regresase siempre
con sus nieves limpiando el universo.
Ser tan poco y tener tanto camino

que andar... Juntos. Juntos o nada.
Morir es nada más
ser olvidado. Abrir los brazos para
quedarse con abril a solas, bajo
los álamos y el cielo.

Es tan duro el amor: tan duro como
el desamor. Andamos, nos miramos
de lejos. No aprendemos.
Tendemos las dos manos...
Todo es andar a oscuras, todo es lágrima.
Recordamos aquella
primera muerte que sufrimos,
y que es esta otra vez.
Luchamos y morimos cada día.
Nada es igual que imaginamos.
¿Dónde estáis ya? ¿Es la muerte
lo único que aguarda a nuestro amor?
No, la muerte solo es ser olvidado,
en las terrazas de los bares, solos,
sin que lleguéis vosotros a enseñarnos
como antes, a mirarnos como antes...

Pero, por fin, volvéis.
Habéis venido con abril,
bajo los verdes álamos
a hacernos compañía en la tristeza.

PARA MIRTA
(SONETOS BARROCOS)

ELLA

Bebió en tu boca el tiempo enamorado
y la cuajó con besos de paloma.
Casto tu cuello, sobre el oro asoma
tan solo por el oro acariciado.

Lunado el pelo, el corazón lunado,
rubor apenas por el aire aroma.
Amapola ritual tu torso toma
y te aparta del mar verdeazulado.

Tu mirada de miel, marisma ardiente,
la luz antigua con las luces nuevas
–recién despierta y ya cansada– alía.

Te duele la victoria, y dócilmente
a cuestas tu destino de amor llevas,
delicada y sangrienta vida mía.

A SU CLAVÍCULA

Si al velo octavo a ciegas me adelanto
que a tu marfil y flecha desfigura,
firme me ofende y presa tu segura
azucena valiendo al amaranto.

Ni más se pulió al ópalo, ni es tanto
la ferviente calandria en la espesura
como armoniosa tú, lejana y pura,
dormida en el reverso del encanto.

Oh qué ala inmóvil, qué ardorosa nieve:
vara de nardo en púrpuras rendida,
pálido cetro indiferente al fuego.

Dura como el puñal y así de breve,
báculo siendo blanco de la vida
me das la muerte si a tocarte llego.

A UNA MÁSCARA QUE HIZO CON ESCAYOLA PINTADA

La boca te torció risa insegura,
mejilla arriba rota y desangrada.
Si verde, estás madura y no tomada,
clara y negra a la vez, casta e impura.

Las cuencas sin mirar de tu locura
ni una lágrima vierten consolada,
y por tu frente mal equilibrada,
mártir y hoguera, la avidez perdura.

Heliotropo desmáyase en tus sienes
y genciana y magenta ocultos quedan
detrás de tu terrible anatomía.

Dime, amiga, qué amor o qué odio tienes,
pues a mi corazón quizá le puedan
tu verdad adiestrar o tu falsía.

A UNA FICHA DE TELÉFONO

El oro humilde tiene y fatigado,
hoja de octubre, voz de solo un día.
La orden solo de amor la encendería,
que ni aquí está, ni allí, ni en otro lado.

Así yo fuera, mudo y retirado,
posibilidad solo, brasa fría,
con una saeta al norte de mi estría
y un deseo en el aire aposentado.

¿A qué puerta llamó que no se abriera
este gastado sol, y qué morosa
siega olvidó esta espiga ya sin trigo?

O quizá no fue así, pues primavera
también volvió en otoño, deseosa
de ser tuya, de hablar, de estar contigo.

A SU ÁLBUM DE FOTOGRAFÍAS

¿Por qué tú más feliz? ¿Qué por tu oscura
condición privilegio has merecido
de detener el aire y el latido,
el adorado gesto y su hermosura?

Me dolió antes de verte tu segura
posesión, pozo avaro en que el sonido
huye del labio, y yacen sin sentido
la risa breve, inmóvil la figura.

Pero ahora veo, cárcel vanidosa
que en ti tan solo imagen y eco había,
que no apresó tu red la amable presa.

Tú el cuerpo suyo escondes deliciosa-
mente desnudo y bello como el día,
mas yo tengo en mis manos su tristeza.

PORQUE EL AMANTE SE CREYÓ ÍCARO DE OTRO SOL

Que me olvidé de ti junto a la altura,
junto al soberbio sol y sus hirientes
manos de sed, que absorbe las corrientes,
funde el candor e incendia la llanura.

Que no quise y me alcé. Que mi estatura
ganada fue por alas inclementes,
y no quise y me alcé sobre las fuentes
del mar y sobre el mar y su amargura.

Roto estoy ya, caído desde el viento.
Pero una llama me apagó los males
y desafió al mal con sus banderas.

No surgiera qué flor de qué hundimiento
al verte, sol, beber los manantiales
en los que yo no quise que bebieras.

SONETOS DE LA ZUBIA

3

Es hora ya de levantar el vuelo,
corazón, dócil ave migratoria.
Se ha terminado tu presente historia,
y otra escribe sus trazos por el cielo.

No hay tiempo de sentir el desconsuelo:
sigue la vida, urgente y transitoria.
Muda la meta de tu trayectoria,
y rasga del mañana el hondo velo.

Si el sentimiento, más desobediente,
se niega al natural imperativo,
álzate tú, versátil y valiente.

Tu oficio es cotidiano y decisivo:
mientras alumbre el sol, serás ardiente;
mientras dure la vida, estarás vivo.

6

La luna nos buscó desde su almena,
cantó la acequia, palpitó el olivo.
Mi corazón, intrépido y cautivo,
tendió las manos, fiel a tu cadena.

Qué sábanas de yerba y luna llena
envolvieron el acto decisivo.
Qué mediodía sudoroso y vivo
enjalbegó la noche de azucena.

Por las esquinas verdes del encuentro
las caricias, ansiosas, se perdían
como en una espesura, cuerpo adentro.

Dios y sus cosas nos reconocían.
De nuevo giró el mundo, y en su centro
dos bocas, una a otra, se bebían.

9

Si te vas lejos tú, me llevas lejos.
Si quieres separarte, te aproximas.
Prisiones hay que no gastan las limas
y estrellas que entreveran sus reflejos.

Es laberinto nuestro amor de espejos
en que, si más te enfrías, más me animas.
Convéncete, cuando te desarrimas,
que, donde esté, te tiraré los tejos.

¿A qué polo tú irás que yo no vaya?
¿Dónde te esconderás que no te vea
si, entre tú y yo, ni linde hay ya ni valla?

No malgastes huyendo más tarea
que, al fin, juntos daremos peso y talla,
tú por la calle, yo por la azotea.

10

Lluvia implacable tú, lluvia dorada
sobre mi tierra, pronta y exigente.
Lluvia transida y beso iridiscente
quemándote en la voz y en la mirada.

No digas que el color de la granada
se dispone a dormir en el poniente.
No digas nada. Ten mi mano y vente
a prender el deseo en la enramada.

Lluvia sentida tú. Tú, lluvia oscura
clavada en la vigilia de mi anhelo,
lavándome la flor de mi amargura.

Sentirme así, llovido por tu pelo,
llovido por el mar de tu hermosura
bajo el redondo vientre de tu cielo.

11

Cuándo tendré, por fin, la voz serena,
sencillo el gesto, la ansiedad cumplida,
sigilados los labios de la herida,
mi pleamar cansada por tu arena.

Cuándo mi sangre trazará en la vena
su ronda acostumbrada y consentida,
y unánimes irán –corta la brida–
el fiero gozo y la dorada pena.

Cuándo estará mi boca sosegada,
suave el aliento, el beso compañero,
compartida la gracia de la almohada.

Cuándo llegará el día verdadero
en que me suelte ya de tu mirada…
para poder decirte que te quiero.

12

He venido a decirte que me quieres
a esta luz, a esta sierra, a esta armonía.
A decirte que el alma tuya es mía
he venido con todos mis poderes.

Aquí, a solas, tú y yo somos dos seres
que anhelan la llegada de su día.
Y nuestro día es este todavía:
nada de ayer ni de mañana esperes.

La misma tierra que nos tendrá muertos
nos enamora y nos reclama vivos
con montes, cielos y árboles abiertos.

¿Por qué entonces mirarnos agresivos
si marchamos, a pechos descubiertos,
debajo del calor y los olivos?

13

Desembocara junio en el verano
su alegre y jadeante torrentera.
Verdeara ya el pan y no supiera
cómo dorar ni gavillar su grano.

El ruiseñor, vestido a contramano,
de amor la noche y resplandor vistiera.
Cruzara la creciente primavera
otra vez al alcance de mi mano.

Rasgara el corazón su vestidura
por mostrar, en pulmones de granada,
su roja pedrería ya madura.

Viera nuestra pasión recomenzada...
y diese todo yo por la dulzura
de verte hacer la cena y la colada.

15

Quién pudiera morderte lentamente
como a una fruta amarga en la corteza.
Quién pudiera dormir en tu aspereza
como el día en las sierras del poniente.

Quién pudiera rendir la hastiada frente
contra el duro confín de tu belleza,
y arrostrar sonriendo la tristeza,
rota la paz y el paso indiferente.

Quién pudiera, mi amor, la alborotada
resistencia del alma distraída
conducir a tu parva apaciguada.

Quién pudiera ostentar, como una brida,
el arcoíris sin par de tu mirada
desde tu luz a mi negror caída.

16

Viene y se va, caliente de oleaje,
arrastrando su gracia por mi arena.
Viene y se va, dejándome la pena
que, por no venir solo, aquí me traje.

Viene y se va. Para tan breve viaje
talé el jazmín, segué la yerbabuena.
Ya no sé si me salva o me condena:
sé que se va y se lleva mi paisaje.

Sé que se va y me quedo frente al muro
de la lamentación y del olvido,
oscuro el sol y el corazón oscuro.

Viene y se va. Yo nunca lo despido.
Al oído del alma le murmuro:
«Gracias, bien mío, por haber venido».

17

Tú me abandonarás en primavera,
cuando sangre la dicha en los granados
y el secadero, de ojos asombrados,
presienta la cosecha venidera.

Creerá el olivo de la carretera
ya en su ramo los frutos verdeados.
Verterá por maizales y sembrados
el milagro su alegre revolera.

Tú me abandonarás. Y tan labriega
clareará la tarde en el ejido,
que pensaré: «Es el día lo que llega».

Tú me abandonarás sin hacer ruido,
mientras mi corazón salpica y juega
sin darse cuenta de que ya te has ido.

19

A trabajos forzados me condena
mi corazón, del que te di la llave.
No quiero yo tormento que se acabe,
y de acero reclamo mi cadena.

Ni concibe mi mente mayor pena
que libertad sin beso que la trabe,
ni castigo concibe menos grave
que una celda de amor contigo llena.

No creo en más infierno que tu ausencia.
Paraíso sin ti, yo lo rechazo.
Que ningún juez declare mi inocencia,

porque, en este proceso a largo plazo,
buscaré solamente la sentencia
a cadena perpetua de tu abrazo.

22

Como siguen al sol los girasoles
y viven de su luz y lo respiran,
son mis oídos ya los que te miran,
mi boca quien escucha tus resoles.

No pongas más a prueba ni acrisoles
el amarillo amor en que se estiran,
ni el fulgor tanto alejes al que aspiran
que, por saberlos tuyos, los asoles.

Córtame ya, y arranca lentamente,
sin que la sangre conyugal te alarme,
grano por grano toda mi simiente.

Será ese el mejor modo de acabarme,
pues temo que tu sol indiferente
me deje marchitar sin devorarme.

23

Arrebátame, amor, águila esquiva,
mátame a desgarrón y a dentellada,
que tengo ya la queja amordazada
y entre tus garras la intención cautiva.

No finjas más, no ocultes la excesiva
hambre de mí que te arde en la mirada.
No gires más la faz desmemoriada
y muerde de una vez la carne viva.

Batir tu vuelo siento impenetrable,
en retirada siempre y al acecho.
Tu sed eterna y ágil desafío.

Pues que eres al olvido invulnerable,
vulnérame ya, amor, deshazme el pecho
y anida en él, demonio y ángel mío.

28

Ya yo me voy y tu promesa llevo
como quien agua en unas redes lleva,
que no es aquí ninguna traición nueva
y ningún juramento es aquí nuevo.

No sé por qué razón otra vez pruebo
a darte fe, si soy la viva prueba
de que en ti la mentira se renueva
igual que en el amor yo me renuevo.

Caerá el otoño sobre los frutales;
caerá al lagar el mosto desangrado
y en el campo las lluvias iniciales.

Caerá diciembre y me hallará cansado
de esperar, a destiempo, los rosales
que me ofreciste un día ya olvidado.

35

Voy a hacerte feliz. Sufrirás tanto
que le pondrás mi nombre a la tristeza.
Mal contrastada, en tu balanza empieza
la caricia a valer menos que el llanto.

Cuánto me vas a enriquecer y cuánto
te vas a avergonzar de tu pobreza,
cuando aprendas –a solas– qué belleza
tiene la cara amarga del encanto.

Para ser tan feliz como yo he sido,
besa la espina, tiembla ante la rosa,
bendice con el labio malherido,

juégate entero contra cualquier cosa.
Yo entero me jugué. Ya me he perdido.
Mira si mi venganza es generosa.

37

Árabe de Granada tú, y romano
yo de Córdoba, no nos engañemos:
aunque el amor acerque los extremos
siempre algo habrá recóndito y lejano.

En este misterioso mano a mano
en que hace tiempo ya que nos perdemos,
distintos y obligados seguiremos:
así el otoño va tras el verano.

Al verde altivo de Sierra Morena
no agravia el filo de Sierra Nevada,
ni mi silencio entre tus muros suena.

El agua por tu vega derramada
en mi campiña, oculta, se serena:
como el amor en Córdoba y Granada.

38

Cuando te vas me duelen la mañana,
el ramo de la acacia, el pensamiento.
De tu recuerdo solo me alimento
y mi memoria sin error se ufana.

Cuando vuelves, la vida se me aplana,
se achica en ti, ya cotidiano y lento.
Pierdo, sin entusiasmo y sin tormento,
la gana de alegrarte la desgana.

Qué puedo hacer con este vaivén triste
que solo brilla cuando no apareces
y a la razón y al hierro se resiste.

Entre el amor y el desamor se mece:
un amor que marchita y malexiste,
un desamor que vibra y enaltece.

39

Te llevaré de Córdoba a Granada
el redondo silencio y su blancura,
el arcángel que yergue su apostura
en las aguas calientes reflejada.

Te llevaré mi boca sosegada
y el sabio olvido en que la sed perdura.
Te llevaré mi amor, fruta madura
pendiente de tu rama derramada.

¿Qué me ofrecerás tú? La tenue vida
que, entre una alberca y unos artesones,
finge ser y no es, mal compartida.

En este trueque poco es lo que pones.
Y es que, desde que abrimos la partida,
tú me empezaste a dar pares y nones.

48

Dijiste Antonio, y escuché a la vida
cantar, brincar, como un niño pequeño.
Oí a la vida despertar del sueño,
desperezarse ante la amanecida.

Dijiste Antonio, y se cerró la herida.
Como un perro, el amor olió a su dueño,
y el dolor se me puso tan risueño
que se desmayó el alma sorprendida.

Dijiste Antonio así, tan de repente,
tan sin preparación y sin motivo,
que recibí tu golpe en plena frente.

No extrañes que aquel muerto esté ahora vivo:
Lázaro soy tan dócil y obediente
que tu voz me levanta y esto escribo.

51

Tengo la boca amarga y no he mordido;
el alma, atroz, y la canción, tronchada.
No sé qué fuerza traigo en la mirada,
ni qué traigo, en el cuello, de vencido.

No sé ni cómo ni por qué he venido.
Esto es todo: llegué; no sé más nada.
No me importa el quehacer ni la jornada,
y me da igual herir que ser herido.

La sangre, a punto, se impacienta y arde
por inundar la alcoba a la que vine,
donde fui tan feliz que fui cobarde.

Solo pido al amor que no se obstine.
Me sentaré a su orilla cualquier tarde
para que alguien, de paso, me termine.

54

Hoy encuentro, temblando ya y vacía,
la casa que los dos desperdiciamos
y el vago sueño del que despertamos
sin habernos dormido todavía.

Acordarse del agua en la sequía
no hace brotar ni florecer los ramos.
¿Dónde estás, dónde estoy y dónde estamos?
¿Qué fue del mundo cuando amanecía?

Hoy me pasa el amor de parte a parte.
Temo encontrarte y no reconocerte.
Temo extender la mano y no tocarte.

Temo girar los ojos y no verte.
Temo gritar tu nombre y no nombrarte…
Temo estar caminando por la muerte.

58

¿Quién podría decirle qué bien huele
a la rosa, en su tallo ensimismada?
¿Cómo poder quejársele a la espada
de que su voz de acero corta y duele?

¿Es enero culpable de que hiele
los ramos olorosos su llegada?
¿Puede el amor, que alegra la mirada,
impedir que el amor la desconsuele?

Trazan las firmes rayas de la vida
en la mano la red de sus caminos
como una oscura e incurable herida.

Nadie elige ni muda los destinos:
cuando más necesita su venida
se van del olivar los estorninos.

62

Hoy vuelvo a la ciudad enamorada
donde un día los dioses me envidiaron.
Sus altas torres, que por mí brillaron,
pavesa solo son desmantelada.

De cuanto yo recuerdo, ya no hay nada:
plazas, calles, esquinas se borraron.
El mirto y el acanto me engañaron,
me engañó el corazón de la granada.

Cómo pudo callarse tan deprisa
su rumor de agua clara y fácil nido,
su canción de árbol alto y verde brisa.

Dónde pudo perderse tanto ruido,
tanto amor, tanto encanto, tanta risa,
tanta campana como se ha perdido.

TESTAMENTO ANDALUZ

OLIVARES DE MANCHA REAL

Sencillo e intrincado,
con su tesoro a cuestas
el olivar cavila.
En él no son precisos
ni rosas ni claveles:
solo estar, siglo a siglo,
serenamente en pie.

Cuanto miramos desde arriba es nuestro,
porque nos mira y somos suyos.
Cae el cielo, y tú me amas,
y el olivar nos ama a ti y a mí.

La tormenta muy pronto
restallará sus látigos. ¿Qué importa?:
ya no sueño dormido ni despierto,
ya te tengo entre olivos.
Mi patria sois; me extinguiré en vosotros
para que empiece todo una vez más.

MEDINA AZAHARA

Que se amen los extraños
fuera de aquí, donde era blanco el luto
y el corazón del mundo palpitaba...
Morena está la Sierra
en que nevaron los almendros,
a cuya fiesta la muerte
no fue nunca invitada.

«Ven conmigo a destruirte
en un jardín de ruinas.
Que aprendan los humanos:
majestad infinita no la hay,
ni infinito es su amor,
ni infinitas las pruebas de su amor.
Los que se van no mienten...».

Pero ¿es que alguien se fue?
Sobre los destronados capiteles,
esta tarde de octubre
aún soy el mismo. Mírame, Azahara.

RONDA

Nada está fuera de su sitio aquí.
Luminosa y en alto,
la ciudad nos sosiega.

La vejez y la infancia, para darme
más pronto y más entero,
concurren a la cita.
El futuro fue ayer,
y estamos los que estábamos.
En vez de dividir, el Tajo reúne.

De antemano se hallaba
en mis ojos de niño.
Pero los apartaron del espejo
que eras tú, amor, amor,
para que me mirara en todo lo demás.
Y en todo vi tus ojos
–y los de aquellos que nos precedieron–
reflejando los míos.

Por ti comprendo el mundo, amor, amor,
y su trémula historia.
Por ti comprendo el frío de los dioses,
que nacieron para servirnos.

LA ALCAZABA DE ALMERÍA

El que ama permanece,
pero el amado pasa. ¿Son los astros
impotentes también?

Trepaba tu nombre por mi nombre
como una enredadera.
Golpeó la mañana
con sus alas mi frente.
Sobre el deshilachado tejido del deseo
dibujaba La Chanca
sus sedientos colores.

En esta tierra de arruinado oro
somos como el durmiente
que, en sueños, cambia de postura;
pero somos sagrados.
Todo está aquí del todo.
Todo lugar es este:
venero del que surte
el agua verdadera.

Lo que se nos negó
–por fin, por fin, por fin– es derramado.
Desde entonces la muerte
cumple mal su tarea.

LA ALPUJARRA

Mi nombre no lo sé,
ni el nombre de estos árboles de plata.
Nunca había estado aquí.
Cuánta inocencia cabe en unos ojos;
cuánto brillo en la sombra.
Desgrana el cuerpo inmarchitables pétalos
bajo la luna, blanca en el bancal.

¿Cómo podrá no consumirnos tanto fuego?
¿Cómo conseguiremos
recuperar más tarde la máscara impasible?
¿A qué vida volver
después de tanta vida?

No; nunca había ascendido
a una gloria tan alta.
En ella, ciego, me hundo.

RUINAS DE ITÁLICA

Bajo el sólido sol
escuché el agua antigua:
«Lo que atañe a los dioses
no es la felicidad, sino el dolor:
de él florece la rosa innumerable.
Sobre profundos mármoles
y mustiadas teselas,
somos los prometidos de la muerte:
en la lengua llevamos
agridulces sabores».

Hoy en otra ciudad
rememoro otra adelfa…

Aquí, entre el calor de oro, se otorgó,
desnuda y para siempre, la belleza.
Aquí, un día de agosto, de improviso
se aprisionó a la vida con sonoros grilletes.
Aquí hubo un dios que acechaba,
vengativo, el otoño…
Pero el otoño aquí no llegará jamás.

PALOS DE LA FRONTERA

Yo las veo en tus ojos:
salen al mar las naves.
¿No fueron convocados
los antiguos muchachos a esta hora,
las antiguas gaviotas,
ni la luz, ni el presagio?
El universo es solo un signo
que los enigmas nos descubre.

Ha encallado la historia,
absorta, en nuestra orilla,
porque las horas huyen, no el amor.
«Seré tu estrella», gritó alguno…
Esta arena es la piedra
sobre la cual se redondea el orbe.
Duraremos aquí
más que el mar, más que el sol,
hasta que las estrellas se desprendan.

La luz te está mirando,
deslumbrada, en los ojos.
Si volvieras hoy tú…
Si volvieran las naves…
Pero tú parpadeas,
y todo se ensombrece.

ARCOS DE LA FRONTERA

Alcaravanes llegan
a comer de tu risa.
Yo acaricio la cal
como si fuera un cuerpo...

Nada es sueño en el Sur,
sino realidad
morena y desvelada.
Abajo, el verde río,
los ojos destelleantes;
arriba, estrellas de oro
donde habitan hermanos indecibles;
en mí, glorificado,
cantando de hermosura,
tú, sin necesitar
que mi amor te embellezca.

Goza hoy; no descuides
obedecer tu encargo de alegría
antes de que la noche se desplome.
Y, cuando yo regrese,
erguido entre los cielos, entre los altos cielos,
me estarás aguardando.

EL POEMA
DE TOBÍAS DESANGELADO

CUBA

8. PLAZA DE LA CATEDRAL

En el profundo cielo, la naciente luna.
Le rezo la oración acostumbrada.
Dentro de esta plaza, cuánta historia:
toda la innecesaria grandeza de los hombres.
Separados tú y yo por nuevos protocolos
que recuerdan a los antiguos ritos,
la luna compartida crece en el alto azul,
lejana argentería sin causa y sin valor.

Bajo ella danzarán los danzarines
sus ritmos centenarios:
los que danzaron en los cafetales
recordando sus riquezas perdidas
en la África lejana.
Nada cambia del todo: el alma de los hombres
sufrió al nacer un definitivo deterioro.
Solo la fuerza del amor
salva un momento la distancia y la muerte.
Tú y yo somos la prueba.

MAR DE MÁRMARA

Te había visto en los mapas,
azul como un zafiro diminuto
engarzado entre otros
más grandes, pero no más azules.
Tu nombre era incomparable y seducía
lo mismo que una gema
que brilla en la distancia.
Lo decía de niño a manera de ensalmo,
y en sueños lo apretaba entre mis dedos
igual que un talismán.
«Mármara», repetía. E imaginaba
riquezas y exotismos
que poblaban mi alcoba
de ramajes y flores.
«Mármara», y gorjeaban
bajo los cielos rasos pájaros inauditos.
«Mármara». Y el fulgor y el perfume
de pétalos y de piedras preciosas
colmaban el menudo
hueco infantil de mi almohada...

Hoy te beso y navego sobre ti.
Soy el mancebo o soy Tobías.
Porque todos tenemos
infancias semejantes,
y no hay distancia apenas
entre un ángel y un niño.
Ni entre las ignorancias de uno y otro,
pues cuanto desconocen lo embellecen.

SANTO DOMINGO

Palabras a medio decir llenan el aire.
Digo *tristeza* y tú entiendes *amor*;
dices *adiós* y yo entiendo *venganza*.
Nunca coincidiremos
en el mismo sentido:
el idioma de vuelta del amor
no es el idioma de la ida…
La luna surge desde el mar
–fulgurante y helada y próxima–
para los ojos que cegara el sol.

Las sonrientes palmas gráciles
su vivo e inacabable jugueteo
muestran, ajenas a nosotros;
retozan, se entrelazan, se abanican,
felices a la vez de su diversidad
y de sus semejanzas,
a la orilla del mar, como ellas y el amor,
idéntico y distinto.

Pero el mar, turquesa o amatista,
con renovado asombro, distraído,
mira volar las mariposas.

SAINT-MALO. FRANCIA

En Saint-Malo graznan las gaviotas
y la lluvia desciende, sin saberlo,
sobre la piedra y sobre el mar,
que, sin saberlo, se marea.
Gritan los colegiales
al mediodía contentos sin saberlo;
el sol alumbra tenuemente,
sin saberlo, cansado de antemano
desde el amanecer;
y el viento, sin saberlo,
se afila para entrar por las ventanas.
Porque, en Saint-Malo,
la gente no sabe que está triste.
Y yo, sin ti, tampoco.

VIENA

1

Paseando entre lilas recordé tu última mirada.
Desanimado, el sol entibió mi memoria,
y supe, como nunca,
que tú estabas muy lejos.

No querría tener más Belvedere
que el que me permitiera
asomarme a tus labios,
y saber que, bajo los ailantos,
te asomas tú a los míos y suspiras.
Ni las guerras, ni la sucia ambición,
ni las ambiguas paces podrían separarnos.
Si tú me miras, ¿qué me dirá el barroco
ni la peste ni los narcisos reales
ni el Danubio y sus helados brazos?

Tú solo eres mi vals, mis tulipanes,
mi taraje palo de rosa, mi Palas Atenea,
mi Teatro y mi Ayuntamiento,
mi inocente Avenida del Anillo
y mi Prater ruidoso y sus castaños
y mi Ópera con toda su armonía.
Tú eres mi atardecer y mi alameda,
mi sed y mi agua fresca,
mi música de Mozart...
Tú eres yo de otro modo:
de otro modo mejor y más logrado.
Tú eres, amor, mi propio amor y el tuyo:
único y doble a un tiempo.

NIÁGARA

Gaviotas gritan, por el aire empapado,
rodeadas de infinita indiferencia.
Espesa nube de agua oculta la caída
de otra agua verde jade, rizada y espumosa.
Entre un vapor hirviente y frío,
me anonadan tus ojos.
Desde el comienzo remotísimo
se desbordan aguas idénticas.
Lo mismo que el amor.
Solo cambia el que mira y se va.
Queda el gesto, el fervor, la triunfante derrota…
El agua y el amor son siempre iguales a sí mismos:
mudan los recipientes de la vida, no ella.
Cada millón de años, una roca
variará levemente de sitio o de postura,
y el agua saltará hasta el abismo
de una manera apenas diferente.
No habrá ojos que lo noten;
pero, por el momento,
los tuyos me anonadan.

MAR MEDITERRÁNEO

Como el dardo del amor atraviesa
su propio corazón,
te atravesé de parte a parte.
Y te vi abajo azul,
salpicado de islas vivísimas,
sedente y dócil,
sabio y preciso.
Lo mismo que un idioma en que se habita.
Lo mismo que el pan nuestro cotidiano.
Lo mismo que un cálido recuerdo de familia.
Lo mismo que un espejo de mi amor.

XAUEN. MARRUECOS

En la alcazaba cantan los pájaros,
tiemblan las chicharras,
corre el agua tranquila.
No se derrama hoy sangre.
La adelfa y el ciprés acompañan la paz.
    Y sin embargo, ángel, todo es igual que ayer.

En la cárcel de la alcazaba
el frescor nos compensa
de las flamas de fuera. Aquí alguien temblaría
de pavor y de frío.
    Y sin embargo, ángel, todo es igual que ayer.

Hay en la alcazaba diminutas literas
de novia, que aguardan su dulce cargamento
de ilusión y ventura.
Ayer temblaron dentro los cuerpos aún ilesos.
    Y sin embargo, ángel, todo es igual que ayer.

En la alcazaba, bajo los altos montes,
el agua corre doméstica y helada.
Alguien tembló saciando en este aljibe
su sed de labios agrietados.
    Y sin embargo, ángel, todo es igual que ayer.

¿Entre estos muros hubo amor? ¿Brotó
como una flor llamada
a mustiarse antes de florear?
¿Un corazón se detuvo al oír un nombre
al pie de la antigua buganvilla?
    Sí, así fue. Y sin embargo, ángel, todo es igual que ayer.

LISBOA

1. ALFAMA

Yo estuve aquí una abierta mañana de septiembre…
¿Es que todo ha cambiado,
o son rarezas de mi corazón?
Desde la altura veo,
a lo lejos, los matices de ayer,
el dulce vaivén de las colinas,
el río abriéndose hacia el mar.
Rasgan el aire de la tarde,
suelta como una trenza,
las palomas y lo llenan de arrullos…

Yo miro y ya no veo. Escucho
los gritos de los pavones blancos
y las risas de ayer y el desvarío…
La luz sostiene la ciudad
en su mano caliente.
Pero ¿quién me sostiene a mí?
Entumecido, creo soñar y no sueño.
A los pies del castillo inagotable
estoy despierto sin querer…

Ha llegado la hora de olvidar
lo que ni siquiera recordaba.
Yo estuve aquí otra vez,
la misma vez de siempre.
Me quedé aquí entre almagres
y ocres y cinabrios y tardes apacibles…
En la altura, esperando,

sin saber qué…
Esperando quizá
esta noche de hoy.

ARCO DE DIANA

El cielo de pizarra
surcado de arcoíris
enmarca el Arco de Diana
junto al embalse azul.
El corazón se queda
en suspenso esperando
escuchar unas voces
que todavía existen.
Todo es uno y lo mismo.
Todo es igual y siempre
quien sufrió y quien gozó
al pie de esta belleza
aún goza y aún padece.
No morimos del todo.

EL DOLMEN

En medio de La Nava,
a la vera del Tajo,
en donde un arzobispo
atravesó su puente,
la amistad de los hombres y el temor
erigieron el dolmen.
Dentro de él, comulgamos la blancura,
nos miramos en los ojos
que nos miraban
igual que se miraron
quienes nos precedieron.
Y salimos del dolmen
amigos para siempre
y más seguros.

BANGKOK

Había llovido mucho,
aunque no era la estación de las lluvias.
Fue una mañana transparente
–todo eso queda lejos–
y una mariposa verde y negra
voló cerca de mí; se detuvo un momento
sobre un perro tiñoso,
junto a su oreja izquierda.
Hacía un calor mojado y grande.
Fue ante la puerta de un templo budista,
y no lo tomé como un hecho expresivo.
Al otro lado de la calle,
gritaban los niños de una escuela.
«Mañana –pensé yo– no estaré aquí,
y seguirán los niños jugando a la pelota.
Dentro de un tiempo
quizá no estaré en ningún sitio,
y otros niños, en Bangkok o en cualquier otro pueblo,
continuarán gritando en los recreos».

La mariposa verde, entre el ruido de la escuela
y el silencio del templo,
fue asumida por la luz inmortal…

Era el día exacto en el que tú moriste.
También el ángel muere.

POEMAS DE OCASIÓN

A MARÍA PEPA

Los jueves por la tarde,
aunque tan solo fuese los jueves por la tarde,
me gustaría entrar en tus pinturas.
Pasear por los parques infantiles
floridos de puntillas y de lazos;
sentarme en los salones cerca de las visitas;
escuchar las promesas de amor que no se cumplen;
jugar al escondite con el tiempo.

Aunque fuese tan solo un jueves por la tarde,
yo querría vivir la verdad de tus cuadros.

Con la esperanza de tener en mi nueva casa
(Macarena, esquina a Triana)
una ventana tuya a que asomarme

POEMA EN QUE DULCINEA DEL TOBOSO EXPLICA SU NOMBRE

Dulcinea es mi nombre: no tengo otro.
Me embelleció el amor.
Un amor blanco como el alba
hizo brillar mi carne
y me afiló las manos
hechas a la tarea.
No es que el amor sea ciego:
es deslumbrador solo.
Tiñe de luz los ojos que lo sienten
y hace que se refleje el mundo entero
en los ojos amados…

Don Alonso Quijano
me vio pasar un día
entre carros de paja,
y otro día, entre cerdos y gallinas,
sobre las piedras del corral.
No me vio como soy.
Me vio igual que una altísima princesa
con diademas y anillos.
Y ya no puedo volver a ser Aldonza.
Ya seré para siempre la sin par Dulcinea.
Dulcinea es mi nombre: no tengo otro.

SONETO EN QUE SE CUENTA CÓMO MUERE ALONSO QUIJANO DESPUÉS DE HACER MORIR AL INMORTAL DON QUIJOTE

Relincha con ternura Rocinante.
Solloza Sancho. Se arrebuja el ama.
Negro a la cabecera de la cama,
murmura el cura en un latín errante.

Muda Sansón Carrasco de semblante.
La sobrina una lágrima derrama.
El barbero, a quien nadie le reclama,
todo lo ve con su habitual desplante.

«Ya no estoy loco», dice el moribundo,
y mira en torno… Don Quijote muere
de pronto entre un olor de lluvia y cieno.

Gira sin tino el renovado mundo.
Y en su inmortalidad solo interfiere
un tal cuerdo lector Quijano el Bueno.

NOTAS

POEMAS DE LO IRREMEDIABLE

Todos los poemas de esta sección proceden de *Poemas de lo irremediable (inéditos 1947-1952)*, edición de Luis Cárdenas García y Pedro J. Plaza González, Barcelona: Editorial Planeta, 2023.

[PRIMAVERA INÚTIL]

En los documentos que, en su día, manejamos los editores para la confección del volumen de *Poemas de lo irremediable* (2023) encontramos una lista de títulos para posibles libros, entre los que se hallaba el de *Primavera inútil.* Considerando la uniformidad temática de este conjunto de poemas, optamos por agruparlos y numerarlos para facilitar su lectura y denominarlo, justamente, de esa forma. Se reproducen, en esta nueva antología, tan solo cinco de ellos.

PRIMEROS POEMAS EN REVISTAS

EL VASO

Fue publicado, al mismo tiempo, tanto en el número 5 de la revista *Platero. Verso y Prosa* como en el número 16 de la revista *Alcara-*

ván –dirigida por el propio Antonio Gala y Carlos Murciano–, en mayo de 1951. Volvería a aparecer en el conmemorativo *«Platero» (1948-1954). Historia, antología e índices de una revista literaria gaditana* (Cádiz: Fundación Municipal de Cultura, Cátedra Adolfo de Castro, 1984), cuya edición corrió a cargo de José Antonio Hernández Guerrero.

MADRE

Fue publicado en el número 1 de la revista *Aljibe* –fundada y dirigida, desde 1951 a 1953, por el propio Antonio Gala en su etapa sevillana–, en noviembre de 1951.

PARÁBOLA DEL PÁJARO BLANCO

Fue publicado en el número 12 de la revista *Platero. Verso y Prosa*, en diciembre de 1951. Entre paréntesis se indicaba, al final, que pertenecía al poemario –nunca editado– *Dios al acecho*.

VERANO

Fue publicado en el número 2 de la revista *Alfoz*, en junio de 1952.

RESURRECCIÓN DE LOS MUERTOS

Fue publicado en el número 3 de la revista *Arquero de Poesía* –en cuya dirección participó Gala–, en marzo de 1953.

DEL AMOR

Fue publicado en los números 10 y 11 de la revista *Aljaba*, en julio y octubre de 1953. En la copia digital mecanografiada que se utilizó para la preparación de *Poemas de amor* (Barcelona: Editorial Planeta, Espasa-Calpe y Círculo de Lectores, 1997) y que nosotros hemos recuperado, de los archivos personales del escritor, para la confección de este volumen aparecería como parte de *Perseo*, aunque jamás llegó a publicarse este soneto blanco en dicha antología.

PERSEO

La mayor parte de los poemas de esta sección procede de *Poemas de amor*, prólogo de Pere Gimferrer, Barcelona: Editorial Planeta, Espasa-Calpe y Círculo de Lectores, 1997. En las notas siguientes hemos señalado, cuando ha sido necesario, los otros testimonios existentes –anteriores y posteriores– de los textos que hemos seleccionado para esta nueva antología, así como el origen de los distintos inéditos.

APARICIÓN DEL AMOR

Este poema no llegó a aparecer nunca como parte de *Perseo* en la edición de *Poemas de amor* (1997); sin embargo, sí aparecía en la copia digital mecanografiada que se utilizó para la preparación de la antología. Ve, por tanto, ahora por vez primera la luz.

DEFINICIÓN DEL AMOR

Fue publicado en *Cuaderno de amor de Antonio Gala* (Madrid: La Esfera de los Libros, 2005) de Isabel Martínez Moreno, en la antología *Siempre el amor* (Barcelona: Editorial Planeta, 2007) y en *Quintaesencia de Antonio Gala* (Barcelona: Editorial Planeta, 2012), editado, también, por Martínez Moreno.

BÚSQUEDA DE LA BELLEZA EN EL ACTO DE AMOR

Fue publicado originalmente, sin título alguno, en un cuaderno de lectura dedicado a Antonio Gala que editó el Centro Cultural de la Generación del 27 –con el patrocinio de la Diputación Provincial de Málaga– en 1991. El cuaderno contó con un breve prólogo a cargo de José Infante.

ELEGÍA POR LA BELLEZA

Fue publicado originalmente en el número 15 de la revista *Platero. Verso y Prosa*, en marzo de 1952, bajo el título simplificado de «Elegía» y con dedicatoria a su íntimo amigo Fernando Quiñones. No obstante, el trasvase de «Elegía» a «Elegía por la Belleza» no fue directo, sino que hubo otro título más en medio de estas dos versiones polares: «Elegía del Camino Viejo de Almodóvar». La referencia topográfica podría remitir a Almodóvar del Río, un municipio de la provincia de Córdoba, o, aun, a Camino Viejo de Almodóvar, una dirección del callejero de la ciudad de Córdoba; pero es difícil afinar más en la intuición de los motivos profundos o el origen de esta variante, dado que únicamente hemos logrado rastrear este título en dos antologías cuidadas por Ana Padilla Mangas: la miscelánea *Córdoba de Gala* (Córdoba: Caja Provincial de Ahorros de Córdoba, 1993) y el cuadernito no venal *Poemas cordobeses* (Córdoba: Ayuntamiento de Córdoba, 1994), perteneciente a la colección «Cuadernos de la Posada». Con idéntico título aparecería en *Una señal en el corazón* (Sevilla: Junta de Andalucía, Consejería de Cultura, 2016), la antología realizada por José Infante.

INASIBILIDAD DE LA BELLEZA

Este poema fue publicado en el número 36 de *Caracola. Revista Malagueña de Poesía*, en octubre de 1955, y no apareció jamás en *Poemas de amor*, por lo que resulta de difícil acceso y es muy poco conocido, pese a que sí apareció en *Una señal en el corazón* (2016) gracias a Infante. «Inasibilidad de la Belleza» no permite ningún margen de duda sobre su pertenencia y su pertinencia. El título es sobradamente indicativo del tema fundamental de *Perseo*, la búsqueda de la Belleza, y entronca a la perfección con el contenido de algunos de los poemas del conjunto: «Búsqueda de la Belleza en el acto del amor», «Elegía por la Belleza», «El Sur», «Mendigos coronados» y «El sumo fuego».

EL SUR

Fue publicado originalmente en el número 21 de la revista *Platero. Verso y Prosa*, en noviembre de 1953, bajo el título de «Como una jadeante pedrería». Fue recogido, asimismo, por Ana Padilla Mangas en *Córdoba de Gala* (1993) y por María del Carmen García Tejera y José Antonio Hernández Guerrero en *Poetas andaluces de los años 50. Estudio y antología* (Sevilla: «Vandalia», Fundación José Manuel Lara, 2003).

ENEMIGO ÍNTIMO

Enemigo íntimo ha conocido, en su genealogía, tres ediciones exentas. La primera de ellas fue, precisamente, la derivada del Premio Adonáis de Poesía de 1959 y, en consecuencia, se publicó en Ediciones Rialp en 1960. En segundo lugar, más de tres décadas después, en 1992, Ediciones La Palma, una editorial con sede en Madrid dirigida por la poeta Elsa López, volvió a publicar este libro inicial dentro de la «Colección Retorno». En tercer lugar, transcurridos otros veinte años, Ediciones Vitrubio lo publicó nuevamente en 2012 dentro de la «Colección Baños del Carmen». En tanto que la edición de La Palma contiene una serie de variantes textuales respecto a los poemas originales de 1960, la edición de Vitrubio no hace más que repetir el texto, que hubo de ser revisado y corregido por Gala, de ese *Enemigo íntimo* de 1992, siendo esta la última edición vigilada por el autor y, por lo tanto, la que debe usarse como texto de referencia. En las notas que vienen a continuación hemos señalado, cuando ha sido necesario, los otros testimonios existentes –anteriores y posteriores– de los poemas que hemos seleccionado para esta nueva antología.

I [A VECES NOS MIRAMOS]

Fue publicado originalmente en el número 80 de *Caracola. Revista Malagueña de Poesía*, en junio de 1959, bajo el título, tomado del primer verso, de «A veces nos miramos». Fue recogido en *Una señal en el corazón* (2016) por José Infante y en *Sonetos y otros poemas* (Madrid: Eirene Editorial, 2016) por Manuel López Azorín.

III [SE VA EL AMOR DE ENTRE LAS MANOS]

Fue recogido por Carmen Díaz Castañón en *El águila bicéfala* (Madrid: Espasa-Calpe, 1993), por Isabel Martínez Moreno en *Cuaderno de amor de Antonio Gala* (2005), por José Infante en *Una señal en el corazón* (2016) y por Manuel López Azorín en *Sonetos y otros poemas* (2016).

X [SOLO SÉ QUE VOLVEMOS]

Fue publicado en el colectivo *Pintores y poetas cordobeses* (Córdoba: Diputación Provincial de Córdoba, 1983) y en el cuaderno de lectura dedicado a Antonio Gala que editó el Centro Cultural de la Generación del 27 (1991), prologado este por José Infante. Fue recogido en *Una señal en el corazón* (2016) por el propio Infante.

XIII [ESTOY LLENO DE MUERTE]

Fue recogido en *Una señal en el corazón* (2016) por José Infante.

XVIII [EL DOLOR ERES TÚ]

Fue recogido por Carmen Díaz Castañón en *El águila bicéfala* (1993) y por José Infante en *Una señal en el corazón* (2016).

LA ACACIA

La mayor parte de los poemas de esta sección procede de *Poemas de amor*, prólogo de Pere Gimferrer, Barcelona: Editorial Planeta, Espasa-Calpe y Círculo de Lectores, 1997. En las notas hemos señalado, cuando ha sido necesario, los otros testimonios existentes –anteriores y posteriores– de los textos que hemos seleccionado para esta nueva antología, así como el origen de los distintos inéditos y de los textos que nos hemos aventurado a incluir en este poemario.

[YO SÉ QUE LLEGA EL AGUA, NOS ENVUELVE]

Este poema fue publicado en los números 4 y 5 de la revista *La Caña Gris*, en otoño de 1961, y no apareció en la antología de *Poemas de amor* (1997), por lo que resulta de difícil acceso y es muy poco conocido. A pesar de que Antonio Gala apuntó, entre paréntesis, que procedía de un libro inédito titulado *El desentendido*, lo cierto es que podría tratarse de un texto que habría de incorporarse a *La acacia* o de un germen que luego evolucionaría, considerando, entre otras razones, que en él se repiten casi literalmente algunas de las formulaciones –«Pase de prisa lo que va de paso. / Lo que ha de morir, muera. Lo que ha / de ocultarse en la noche, que se oculte»– del texto número 8 de *La acacia* de *Poemas de amor* –«Lo que ha de morir, muera; lo que ha / de pasar sin llevarnos, pase; / lo que va hacia la noche, que se oculte […]»–. Por si no fuera suficiente, el poema está bañado en tintes místicos, ya que el agua se muestra como símbolo diáfano de la fe y de la vida y se dirige a un amado –*amor*–, cuya condición no llega a desvelarse si es corpórea o acaso espiritual.

6 [HOY SE QUEMAN LOS ÚLTIMOS RECUERDOS]

Este poema fue publicado originalmente en los números 53-56 de la revista *Cuadernos de Ágora* –dirigida por Concha Lagos–, en marzo y junio de 1961, bajo el título general de «Poema». Fue incluido por Isabel Martínez Moreno en *Cuaderno de amor de Antonio Gala* (2005).

[HE AQUÍ AL HOMBRE]

Este poema fue publicado en los números 43-45 de la revista *Cuadernos de Ágora*, en mayo y julio de 1960, y no apareció en la antología de *Poemas de amor* (1997), por lo que resulta de difícil acceso y es muy poco conocido. Por su cercanía temporal en la gestación y por su acusado trasunto bíblico reinterpretado, parece que pudiera inscribirse cabalmente dentro del poemario. Tal y como habrá podido adivinarse, en él el sujeto lírico parte de la traducción que se dio en la *Vulgata* a un pasaje del *Evangelio según san Juan* (19: 5), a saber: el *ecce homo* en boca de Poncio Pilato, el gobernador romano de Judea que no fue capaz de librar a Jesús de Nazaret de la crucifixión. A esta célebre sentencia se agrega el motivo de la violencia y el sufrimiento de la pasión de Jesucristo, el motivo del Reino de Dios y su título de Rey, el motivo de la corona de espinas de su condena y el motivo de la verdad y su testimonio.

8 [MIRÓ A MI CORAZÓN]

Fue recogido en *Sonetos y otros poemas* (2016) por Manuel López Azorín.

VALVERDE, 20

La mayor parte de los poemas de esta sección procede de *Poemas de amor*, prólogo de Pere Gimferrer, Barcelona: Editorial Planeta, Espasa-Calpe y Círculo de Lectores, 1997. En las notas hemos señalado, cuando ha sido necesario, los otros testimonios existentes –anteriores y posteriores– de los textos que hemos seleccionado para esta nueva antología, así como el origen de los distintos inéditos.

1 [CUANDO MIRO HACIA ATRÁS VEO UN DÍA DE NIEBLA]

Fue recogido por José Infante en *Una señal en el corazón* (2016) y por Manuel López Azorín en *Sonetos y otros poemas* (2016).

ALARGABA LA MANO Y TE TOCABA

Fue publicado originalmente en el número 6 de la revista *Cómicos. Boletín de Información del Espectáculo*, en enero de 1984, así como en el número 104 de *Culturas*, el suplemento semanal de *Diario 16*, el 5 de abril de 1987. Fue recogido, asimismo, por Carmen

Díaz Castañón en la recopilación de *El águila bicéfala* (1993); y apareció el 4 de abril de 1997 en el *ABC Literario* en un apartado titulado «Los poemas de amor de Antonio Gala», que se utilizó como medio de promoción de *Poemas de amor*. Aparecería, en fin, en la antología *Siempre el amor* (2007); en el *Cuaderno de amor de Antonio Gala* (2005), editado por Isabel Martínez Moreno; en *Sonetos y otros poemas* (2016), antología realizada por Manuel López Azorín; y en el *Homenaje a Antonio Gala* (Quart de Poblet: Ediciones La Platea, 2023), con motivo del IX Encuentro Internacional de Poetas Quart de Poblet.

7 [HAY NOCHES EN QUE AL DAR LAS CUATRO]

Este poema no llegó a aparecer nunca como parte de *Valverde, 20* en la edición de *Poemas de amor* de 1997; sin embargo, sí aparecía en la copia digital mecanografiada que se utilizó para la preparación de la antología. Ve, por tanto, ahora por vez primera la luz. Hemos mantenido como título el número 7, el cual figuraba entonces en dicho documento.

9 [CUANDO SON UNA MISMA COSA LO QUE SE ESPERA Y LA ESPERANZA]

Este poema tampoco llegó a aparecer nunca como parte de *Valverde, 20* en la edición de *Poemas de amor* (1997); sin embargo, sí aparecía en la copia digital mecanografiada que se utilizó para la preparación de la antología. Ve, por tanto, ahora por vez primera la luz. Hemos mantenido como título el número 9, el cual figuraba entonces en dicho documento.

11 [QUIZÁ EL AMOR ES SIMPLEMENTE ESTO]

Si bien en la edición de *Poemas de amor* de 1997 figuraba este texto con el número 9, en la copia digital mecanografiada que se utilizó para la preparación de la antología aparecía con el número 11 y es el que hemos respetado en aras de una nueva numeración. El día que, por fin, se haga una merecida poesía completa de Antonio Gala, habrá que ordenar y numerar cuidadosamente todos los poemas dispersos de cada libro. El texto fue recogido por Manuel López Azorín en *Sonetos y otros poemas* (2016).

BALADAS Y CANCIONES

La mayor parte de los poemas de esta sección procede de *Poemas de amor*, prólogo de Pere Gimferrer, Barcelona: Editorial Planeta, Espasa-Calpe y Círculo de Lectores, 1997. En las notas hemos señalado, cuando ha sido necesario, los otros testimonios existentes –anteriores y posteriores– de los textos que hemos seleccionado para esta nueva antología, así como el origen de los distintos inéditos.

AGUA ME DABAN A MÍ

Este poema apareció editado en *Canciones de Valldemosa* (Madrid: Editorial Alpuerto, 1979), un libro de partituras perteneciente al compositor Antón García Abril, y en el discurso de ingreso de García Abril en la Real Academia de Bellas Artes de San Fernando, titulado *Defensa de la melodía* (Teruel: Instituto de Estudios Turolenses, 1983), así como en la reedición –más completa– de *Canciones de Valldemosa* (Madrid: Bolamar Ediciones Musicales, 1996). Fue recogido, igualmente, por José Infante en *Una señal en el corazón* (2016) y por Manuel López Azorín en *Sonetos y otros poemas* (2016).

A PIE VAN MIS SUSPIROS

Este poema apareció, originariamente, en boca de Jimena y de Minaya en uno de los diálogos de la primera parte de la obra teatral *Anillos para una dama* (1973). Más tarde, aparecería editado en *Canciones de Valldemosa* (1979) y en *Defensa de la melodía* (1983), además de en la reedición de *Canciones de Valldemosa* (1996) de Antón García Abril. Fue recogido por Manuel López Azorín en *Sonetos y otros poemas* (2016).

NO POR AMOR

Este poema apareció editado en *Canciones de Valldemosa* (1979) y en *Defensa de la melodía* (1983), amén de en la reedición de *Canciones de Valldemosa* (1996) de Antón García Abril. Aparecería, asimismo, en la antología *Siempre el amor* (2007).

4 [¿QUÉ ROMEROS PISARÁ]

Fue publicado originalmente en los números 19 y 20 de la revista *La Isla de los Ratones*, en el año 1953.

8 [YO QUISE SER EL LÁPIZ]

Este poema no llegó a aparecer nunca como parte de *Baladas y canciones* en la edición de *Poemas de amor* de 1997; sin embargo, sí aparecía en la copia digital mecanografiada que se utilizó para la preparación de la antología. Ve, por tanto, ahora por vez primera la luz. Hemos mantenido como título el número 8, el cual figuraba entonces en dicho documento.

10 [QUÉ DOLOR DE LA VERDE GRAMA]

Fue recogido por Manuel López Azorín en *Sonetos y otros poemas* (2016).

12 [ESTANDO YA MI CASA SOSEGADA]

Este poema, de manifiesta raigambre sanjuanista, tampoco llegó a aparecer nunca como parte de *Baladas y canciones* en la edición de *Poemas de amor* de 1997; sin embargo, sí aparecía en la copia digital mecanografiada que se utilizó para la preparación de la antología. Ve, por tanto, ahora por vez primera la luz. Hemos mantenido como título el número 12, el cual figuraba entonces en dicho documento.

LA DESHORA

La mayor parte de los poemas de esta sección procede de *Poemas de amor*, prólogo de Pere Gimferrer, Barcelona: Editorial Planeta, Espasa-Calpe y Círculo de Lectores, 1997. En las notas hemos señalado, cuando ha sido necesario, los otros testimonios existentes –anteriores y posteriores– de los textos que hemos seleccionado para esta nueva antología, así como el origen de los distintos inéditos.

1 [¿Y QUÉ HABRÉ DE DECIR PARA QUE ENTIENDAN]

Fue publicado originalmente en el número 148 de la revista *Cuadernos Hispanoamericanos*, en abril de 1962. Fue recogido, igualmente, por José Infante en *Una señal en el corazón* (2016).

3 [PUEDE A VECES UN NOMBRE]

Fue publicado originalmente en el número 148 de la revista *Cuadernos Hispanoamericanos*, en abril de 1962.

CREÁBAMOS RECUERDOS

Este poema no llegó a aparecer nunca como parte de *La deshora* en la edición de *Poemas de amor* de 1997; sin embargo, sí aparecía en la copia digital mecanografiada que se utilizó para la preparación de la antología. Sorprendentemente, fue publicado por Ana Padilla Mangas en *Córdoba de Gala* (1993) como poema XVIII de *La deshora*, entendemos que por voluntad y por una cesión especial de Antonio Gala, pues no lo hemos localizado en otra parte.

6 [¿PODRÉ DECIR: «DAME TU MANO», UN DÍA?]

Si bien en la edición de *Poemas de amor* de 1997 figuraba este texto con el número 5, en la copia digital mecanografiada que se utilizó para la preparación de la antología aparecía con el número 6 y es el que hemos respetado en aras de una nueva numeración.

9 [AL PRINCIPIO ES UN SUAVE PENSAMIENTO]

Este poema tampoco llegó a aparecer nunca como parte de *La deshora* en la edición de *Poemas de amor* de 1997; sin embargo, sí aparecía en la copia digital mecanografiada que se utilizó para la preparación de la antología. Ve, por tanto, ahora por vez primera la luz.

10 [AÚN QUEDA EL SOL]

Si bien en la edición de *Poemas de amor* de 1997 figuraba este texto con el número 8, en la copia digital mecanografiada que se utilizó para la preparación de la antología aparecía con el número 10 y es el que hemos respetado en aras de una nueva numeración. Este texto fue recopilado por Isabel Martínez Moreno en *Cuaderno de amor de Antonio Gala* (2005).

14 [CUANDO EL AMOR, ESE DESESPERADO]

Si bien en la edición de *Poemas de amor* de 1997 figuraba este texto con el número 12, en la copia digital mecanografiada que se utilizó para la preparación de la antología aparecía con el número 14 y es el que hemos respetado en aras de una nueva numeración. Fue recogido por Isabel Martínez Moreno en *Cuaderno de amor de Antonio Gala* (2005) y por Manuel López Azorín en *Sonetos y otros poemas* (2016).

DESDÉMONA

Este poema tampoco llegó a aparecer nunca como parte de *La deshora* en la edición de *Poemas de amor* de 1997; sin embargo, sí aparecía en la copia digital mecanografiada que se utilizó para la preparación de la antología. Ve, por tanto, ahora por vez primera la luz.

16 [CANTO Y ME ALEGRO]

Si bien en la edición de *Poemas de amor* de 1997 figuraba este poema, que guarda los ecos de Walt Whitman, con el número 13, en la copia digital mecanografiada que se utilizó para la preparación de la antología aparecía con el número 16 y es el que hemos respetado en aras de una nueva numeración.

17 [ES UN DOLOR OCIOSO]

Si bien en la edición de *Poemas de amor* de 1997 figuraba este poema con el número 14, en la copia digital mecanografiada que se utilizó para la preparación de la antología aparecía con el número 17 y es el que hemos respetado en aras de una nueva numeración.

MEDITACIÓN EN QUERONEA

La mayor parte de los poemas de esta sección procede de *Poemas de amor*, prólogo de Pere Gimferrer, Barcelona: Editorial Planeta, Espasa-Calpe y Círculo de Lectores, 1997; pero los hemos cotejado con su reproducción en *Sonetos y otros poemas*, prólogo de Manuel López Azorín, Madrid: Eirene Editorial, 2016. En las notas hemos señalado, cuando ha sido necesario, los otros testimonios existentes –anteriores y posteriores– de los textos que hemos seleccionado para esta nueva antología, así como el origen de los distintos inéditos.

1 [AQUÍ ESTÁ LO QUE SOBRA]

Fue publicado originalmente, bajo el título de «Poema VI», en los números 15 y 16 de *Caracola. Revista Malagueña de Poesía*, en junio y julio de 1964. Poco después apareció, numerado con un I, en el número 183 de la revista *Cuadernos Hispanoamericanos*, en marzo de 1965. Más tarde sería publicado, sin título alguno, en el cuaderno de lectura dedicado a Antonio Gala que editó el Centro Cultural de la Generación del 27 (1991), prologado por José Infante. Fue recogido por el propio Infante en *Una señal en el corazón* (2016).

2 [VENÍAS DE UN PAÍS]

Fue publicado originalmente en el número 183 de la revista *Cuadernos Hispanoamericanos*, en marzo de 1965, y fue recogido por José Infante en *Una señal en el corazón* (2016).

5 [NADA SUCEDE EN BALDE]

Fue publicado originalmente en los números 79-82 de la revista *Cuadernos de Ágora*, en mayo, junio, julio y agosto de 1963. No llegó a aparecer nunca como parte de *Meditación en Queronea* en la edición de *Poemas de amor* de 1997; sin embargo, sí aparecía, con bastantes variantes textuales, en la copia digital mecanografiada que se utilizó para la preparación de la antología.

6 [¿ES AHORA? ¿FUE AQUÍ?]

Fue publicado originalmente en el número 183 de la revista *Cuadernos Hispanoamericanos*, en marzo de 1965. Si bien en la edición de *Poemas de amor* de 1997 figuraba con el número 5, en la copia digital mecanografiada que se utilizó para la preparación de la antología aparecía con el número 6 y es el que hemos respetado en aras de una nueva numeración. El poema fue recogido, asimismo, por Ana Padilla Mangas en *Córdoba de Gala* (1993).

7 [LA MÚSICA SIN NOMBRE]

Este poema tampoco llegó a aparecer nunca como parte de *Meditación en Queronea* en la edición de *Poemas de amor* de 1997; sin embargo, sí aparecía en la copia digital mecanografiada que se utilizó para la preparación de la antología. No obstante, fue publicado por primera vez en el número 183 de la revista *Cuadernos Hispanoamericanos*, en marzo de 1965, y, después, en los números 15 y 16 de la revista *Litoral*, en noviembre de 1970, bajo el título de «Poema XXII».

8 [EN VERONA A UNA BREVE TUMBA]

Si bien en la edición de *Poemas de amor* de 1997 figuraba este poema con el número 6, en la copia digital mecanografiada que se utilizó para la preparación de la antología aparecía con el número 8 y es el que hemos respetado en aras de una nueva numeración. No obstante, fue publicado por primera vez, bajo el título de «Poema VIII», en forma de pliego dentro de la colección «El Camaleón», dirigida por el editor malagueño Rafael Inglada, en 1987. Contaba con una ilustración de Enrique Brinkman. Fue recogido por José Infante en *Una señal en el corazón* (2016).

11 [ES PRIMAVERA AHORA]

Si bien en la edición de *Poemas de amor* de 1997 figuraba este poema con el número 9, en la copia digital mecanografiada que se utilizó para la preparación de la antología aparecía con el número 11 y es el que hemos respetado en aras de una nueva numeración. Fue recogido por José Infante en *Una señal en el corazón* (2016).

14 [EXHALA CADA AMOR SU PROPIA MÚSICA]

Este poema tampoco llegó a aparecer nunca como parte de *Meditación en Queronea* en la edición de *Poemas de amor* de 1997; sin embargo, sí aparecía en la copia digital mecanografiada que se utilizó para la preparación de la antología. Ve, por tanto, ahora por vez primera la luz.

15 [DE DOS EN DOS]

Si bien en la edición de *Poemas de amor* de 1997 figuraba este poema con el número 12, en la copia digital mecanografiada que se utilizó para la preparación de la antología aparecía con el número 15 y es el que hemos respetado en aras de una nueva numeración. Fue recogido por José Infante en *Una señal en el corazón* (2016).

PARA MIRTA (SONETOS BARROCOS)

Todos los poemas de esta sección proceden de *Poemas de amor*, prólogo de Pere Gimferrer, Barcelona: Editorial Planeta, Espasa-Calpe y Círculo de Lectores, 1997; y aparecieron, igualmente, en la antología *Siempre el amor* (Barcelona: Editorial Planeta, 2007). «Porque el amante se creyó Ícaro de otro sol» apareció, además, el 4 de abril de 1997 en el *ABC Literario* en un apartado titulado «Los poemas de amor de Antonio Gala», que se utilizó como medio de promoción de *Poemas de amor*; apareció en *Poetas andaluces de los años 50. Estudio y antología* (2003), edición de María del Carmen García Tejera y José Antonio Hernández Guerrero; y apareció, en fin, en la antología *Siempre el amor* (2007).

SONETOS DE LA ZUBIA

Todos los poemas de esta sección proceden de *Poemas de amor*, prólogo de Pere Gimferrer, Barcelona: Editorial Planeta, Espasa-Calpe y Círculo de Lectores, 1997; pero los hemos cotejado con su reproducción en *Sonetos y otros poemas*, prólogo de Manuel López Azorín, Madrid: Eirene Editorial, 2016. En las notas hemos seña-lado, cuando ha sido necesario, los otros testimonios existentes –anteriores y posteriores– de los sonetos que hemos seleccionado para esta nueva antología.

3 [ES HORA YA DE LEVANTAR EL VUELO]
Fue recopilado en el *Cuaderno de amor de Antonio Gala* (2005) por Isabel Martínez Moreno.

6 [LA LUNA NOS BUSCÓ DESDE SU ALMENA]
Fue publicado originalmente en el cuaderno *11 sonetos de La Zubia* (1981) de la colección «Jarazmín», creada y dirigida por el poeta

José Infante y el pintor Pepe Bornoy en la ciudad de Málaga. Posteriormente, apareció entre los veintisiete poemas publicados en el *ABC Literario* el 7 de noviembre de 1987, bajo el lema de «Antonio Gala, sonetos de amor». El texto fue recogido, asimismo, por Carmen Díaz Castañón en la recopilación de *El águila bicéfala* (1993); aparecería en *Reflejos de una vida* (Madrid: JdeJ Editores, 2004), libro literario y fotográfico editado por Javier de Juan y Peñalosa, y en la antología *Siempre el amor* (2007), y fue recogido por José Infante en *Una señal en el corazón* (2016).

9 [SI TE VAS LEJOS TÚ, ME LLEVAS LEJOS]

Este soneto apareció entre los veintisiete poemas publicados en el *ABC Literario* el 7 de noviembre de 1987. El texto fue recogido, asimismo, por Ana Padilla Mangas en *Córdoba de Gala* (1993) y por María del Carmen García Tejera y José Antonio Hernández Guerrero en *Poetas andaluces de los años 50. Estudio y antología* (2003).

10 [LLUVIA IMPLACABLE TÚ, LLUVIA DORADA]

La primera versión de este soneto, fechada en Madrid el 8 de noviembre de 1951 y cargada de variantes textuales, la dimos a conocer los editores de esta antología en *Poemas de lo irremediable* (2023), a pesar de que los *Sonetos de La Zubia* fueron escritos, supuestamente, a partir del mes de diciembre de 1963 y hasta el verano de 1968.

11 [CUÁNDO TENDRÉ, POR FIN, LA VOZ SERENA]

Este soneto apareció entre los veintisiete poemas publicados en el *ABC Literario* el 7 de noviembre de 1987 y aparecería, también, en la antología *Siempre el amor* (2007).

13 [DESEMBOCARA JUNIO EN EL VERANO]

Este soneto fue publicado originalmente en el número 1 de *Alambor. Revista de la Asociación Cultural del Tomelloso*, en 1982. Posteriormente, apareció entre los veintisiete poemas publicados en el *ABC Literario* el 7 de noviembre de 1987 y aparecería, igualmente, en la antología *Siempre el amor* (2007).

16 [VIENE Y SE VA, CALIENTE DE OLEAJE]

Este soneto apareció entre los veintisiete poemas publicados en el *ABC Literario* el 7 de noviembre de 1987.

17 [TÚ ME ABANDONARÁS EN PRIMAVERA]

Este soneto fue publicado originalmente en el cuaderno *11 sonetos de La Zubia* (1981). Posteriormente, apareció entre los veintisiete poemas publicados en el *ABC Literario* el 7 de noviembre de 1987; aparecería, también, en la antología *Siempre el amor* (2007), sería recogido por José Infante en *Una señal en el corazón* (2016) e incluido, en fin, en el pliego del XX Festival Internacional Poesía en el Laurel –celebrado en La Zubia los días 1 y 8 de agosto de 2023– junto a un poema de Rafael Guillén titulado, justamente, «Zubia».

19 [A TRABAJOS FORZADOS ME CONDENA]

Este soneto apareció el 4 de abril de 1997 en el *ABC Literario* en un apartado titulado «Los poemas de amor de Antonio Gala», que se utilizó como medio de promoción de *Poemas de amor*; aparecería en la recopilación de *El águila bicéfala* (1993), recogida por Carmen Díaz Castañón; en la antología *Siempre el amor* (2007) y en *Una señal en el corazón* (2016), antología llevada a cabo por José Infante.

23 [ARREBÁTAME, AMOR, ÁGUILA ESQUIVA]

Este soneto apareció en la antología *Siempre el amor* (2007).

28 [YA YO ME VOY Y TU PROMESA LLEVO]

Este soneto apareció entre los veintisiete poemas publicados en el *ABC Literario* el 7 de noviembre de 1987.

35 [VOY A HACERTE FELIZ. SUFRIRÁ TANTO]

Este soneto fue publicado originalmente en el cuaderno *11 sonetos de La Zubia* (1981) de la colección «Jarazmín». Posteriormente, aparecería entre los veintisiete poemas publicados en el *ABC Literario* el 7 de noviembre de 1987; aparecería en la antología *Siempre el amor* (2007) y en el *Cuaderno de amor de Antonio Gala* (2005), editado por Isabel Martínez Moreno, así como en *Quintaesencia de Antonio Gala* (2012), y sería recogido por José Infante en *Una señal en el corazón* (2016).

37 [ÁRABE DE GRANADA TÚ, Y ROMANO]

Este soneto fue publicado originalmente en el cuaderno *11 sonetos de La Zubia* (1981) de la colección «Jarazmín». Más tarde, aparecería entre los veintisiete poemas publicados en el *ABC Literario* el 7 de noviembre de 1987. Fue recogido, asimismo, por Ana Padilla Mangas en *Córdoba de Gala* (1993) y por José Infante en *Una señal en el corazón* (2016).

39 [TE LLEVARÉ DE CÓRDOBA A GRANADA]

Este soneto fue recogido por José Infante en *Una señal en el corazón* (2016).

48 [DIJISTE ANTONIO, Y ESCUCHÉ A LA VIDA]

Este soneto fue recopilado en el *Cuaderno de amor de Antonio Gala* (2005) y en *Quintaesencia de Antonio Gala* (2012) por Isabel Martínez Moreno.

51 [TENGO LA BOCA AMARGA Y NO HE MORDIDO]

Este soneto fue publicado originalmente en el número 447 de la revista *Ínsula*, en febrero de 1984. Apareció, igualmente, entre los veintisiete poemas publicados en el *ABC Literario* el 7 de noviembre de 1987 y en la antología *Siempre el amor* (2007). Fue recogido por José Infante en *Una señal en el corazón* (2016) y, en última instancia, fue incluido en *Los mejores sonetos en español* (Antequera: ExLibric, 2023), cuya edición e ilustraciones corrieron a cargo de Agustín Casado. En esa edición, el soneto va acompañado de una caricatura de Gala realizada por Casado.

54 [HOY ENCUENTRO, TEMBLANDO YA Y VACÍA]

Este soneto apareció en la antología *Siempre el amor* (2007).

58 [¿QUIÉN PODRÍA DECIRLE QUÉ BIEN HUELE]

Este soneto fue publicado originalmente en Málaga en *Brevísimo de poesía* (1978), cuya selección corrió a cargo de Rafael León. Luego apareció en el cuaderno *11 sonetos de La Zubia* (1981) de la colección «Jarazmín». Posteriormente, fue publicado en el catálogo *Fernán-Núñez* (1983) y en el número 447 de la revista *Ínsula*, en febrero de 1984, y, más tarde, aparecería entre los veintisiete poemas publicados en el *ABC Literario* el 7 de noviembre de 1987, en la antología *Siempre el amor* (2007) y sería recogido por José Infante en *Una señal en el corazón* (2016).

62 [HOY VUELVO A LA CIUDAD ENAMORADA]

Este soneto fue publicado originalmente en el número 5 de la revista *Banda de Mar*, en 1980. Luego apareció en el cuaderno *11 sonetos de La Zubia* (1981) de la colección «Jarazmín» y, también, en la antología *200 poetas de hoy en España y América* (Madrid: «Colección Poesía Nueva», Taller Prometeo de Poesía Nueva, 1982) y en el número 12 de la revista *Verde-Blanco. Alas para la Poesía Andaluza*, en julio, agosto y septiembre de 1982. Posteriormente, aparecería entre los veintisiete poemas publicados en el *ABC Literario* el 7 de noviembre de 1987. Sería recogido, asimismo, por Carmen Díaz Castañón en la recopilación de *El águila bicéfala* (1993), por Jesús Munárriz en *Un siglo de sonetos en español* (Madrid: Ediciones Hiperión, 2000) y por Isabel Martínez Moreno en *Cuaderno de amor de Antonio Gala* (2005); aparecería, igualmente, en la antología *Siempre el amor* (2007) y sería recogido, por último, por José Infante en *Una señal en el corazón* (2016).

TESTAMENTO ANDALUZ

Aunque la primera edición de este poemario fue *Testamento andaluz*, Madrid: Alfredo Melgar Editor, 1985, todos los poemas de esta sección proceden de *Testamento andaluz*, Córdoba: «Los Cuadernos de Sandua», Publicaciones Obra Social y Cultural CajaSur, 1998; ya que fue esta la última edición que pudo vigilar Antonio Gala. Hemos contrastrado los textos, en todo caso, con los testimonios de *Andaluz*, edición de Carmen Díaz Castañón, Madrid: Espasa-Calpe, 1994; y con los de *Sonetos y otros poemas*, prólogo de Manuel López Azorín, Madrid: Eirene Editorial, 2016; por más que en este se omitiesen, por alguna razón que desconocemos, cuatro de los poemas: «Úbeda», «Olivares de Mancha Real», «Guadalquivir por Coria» y «Ruinas de Itálica».

OLIVARES DE MANCHA REAL

Fue incluido por Javier de Juan y Peñalosa en *Reflejos de una vida* (2004).

MEDINA AZAHARA

Fue publicado el 9 de febrero de 1989 en el número 100 de *Cuadernos del Sur*, bajo el título de «Los poemas cordobeses de *Testamento andaluz*». En dicha versión, las palabras de la segunda estrofa son introducidas por la siguiente cláusula: «Oigo una voz». Posteriormente, sería recogido por Ana Padilla Mangas en *Córdoba de Gala* (1993) y por el editor Manuel López Azorín en *Sonetos y otros poemas* (2016).

RONDA

Fue recogido por Pedro J. Plaza González en la antología *Desde el Sur te lo digo* (Málaga: «Arroyo de la Manía», Rafael Inglada Ediciones, 2019) y por el editor Manuel López Azorín en *Sonetos y otros poemas* (2016).

LA ALCAZABA DE ALMERÍA

Fue recogido por Isabel Martínez Moreno en *Cuaderno de amor de Antonio Gala* (2005) y por Manuel López Azorín en *Sonetos y otros poemas* (2016).

LA ALPUJARRA

Fue recogido por Manuel López Azorín en *Sonetos y otros poemas* (2016) con una errata en el título, puesto que es «La Alpujarra» –en singular– y no «Las Alpujarras». En una de las copias de *Poemas de amor* conservadas en la biblioteca personal del autor, Antonio Gala añadió a mano, en el décimo verso, *más tarde*, y hemos decidido respetar y fijar esta variante.

PALOS DE LA FRONTERA

Fue recogido por Manuel López Azorín en *Sonetos y otros poemas* (2016).

ARCOS DE LA FRONTERA

Fue recogido, fragmentariamente, por Javier de Juan y Peñalosa en *Reflejos de una vida* (2004) y, de manera completa, por Manuel López Azorín en *Sonetos y otros poemas* (2016).

EL POEMA DE TOBÍAS DESANGELADO

La mayor parte de los poemas de esta sección procede de *El poema de Tobías desangelado*, Barcelona: Editorial Planeta, 2005; sin embargo, los hemos cotejado todos con *Poemas de amor*, prólogo de Pere Gimferrer, Barcelona: Editorial Planeta, Espasa-Calpe y Círculo de Lectores, 1997; pero hemos estimado que no era lugar este para anotar las numerosas variantes textuales. En las notas hemos señalado, cuando ha sido necesario, los otros testimonios existentes –anteriores y posteriores– de los textos que hemos seleccionado para esta nueva antología, así como el origen de los distintos inéditos.

SANTO DOMINGO

Este texto apareció en la antología *Siempre el amor* (2007) y en *Quintaesencia de Antonio Gala* (2005), volumen compilado por Isabel Martínez Moreno.

NIÁGARA

Este texto no apareció ni en *Poemas de amor* (1997) ni en *El poema de Tobías desangelado* (2005). No obstante, sí aparecía en la copia digital mecanografiada que se utilizó para la preparación de la antología y que nosotros hemos recuperado, de los archivos personales del escritor, para la confección de este volumen. Ve, por tanto, ahora por vez primera la luz.

MAR MEDITERRÁNEO

Este poema no apareció ni en *Poemas de amor* (1997) ni en *El poema de Tobías desangelado* (2005). No obstante, sí aparecía en la copia digital mecanografiada que se utilizó para la preparación de la antología. Ve, por tanto, ahora por vez primera la luz.

ARCO DE DIANA

Este poema inédito está ubicado en el pueblo extremeño de Bohonal de Ibor y está fechado el 28 de diciembre de 2000. Procede directamente de los archivos personales del autor.

EL DOLMEN

Este poema inédito está fechado el 28 de diciembre de 2000 y parece localizarse en el entorno de la pedanía extremeña de La Nava. Procede directamente de los archivos personales del autor.

POEMAS DE OCASIÓN

A MARÍA PEPA

Este poema se publicó, como único testimonio, en el *Homenaje de la poesía malagueña a María Pepa Estrada* (Málaga: Publicaciones de la Librería Anticuaria El Guadalhorce, 1980) y el manuscrito que en él se reproducía estaba fechado el 6 de marzo de 1980.

POEMA EN QUE DULCINEA DEL TOBOSO EXPLICA SU NOMBRE

Este poema fue publicado en *Trajes y tipos en el «Quijote». Fondos de indumentaria del Museo Nacional de Teatro* (Ciudad Real: Museo Nacional de Teatro, 2005).

SONETO EN QUE SE CUENTA CÓMO MUERE ALONSO QUIJANO DESPUÉS DE HACER MORIR AL INMORTAL DON QUIJOTE

Este poema fue publicado en *Trajes y tipos en el «Quijote». Fondos de indumentaria del Museo Nacional de Teatro.*

ÍNDICE

SE TERMINÓ DE IMPRIMIR ESTA EDICIÓN DE
CANTARÉ MAÑANA TODAVÍA. ANTOLOGÍA POÉTICA (1949-2005)
DE ANTONIO GALA,
EN SEVILLA, EL DÍA 11 DE MARZO DE 2025